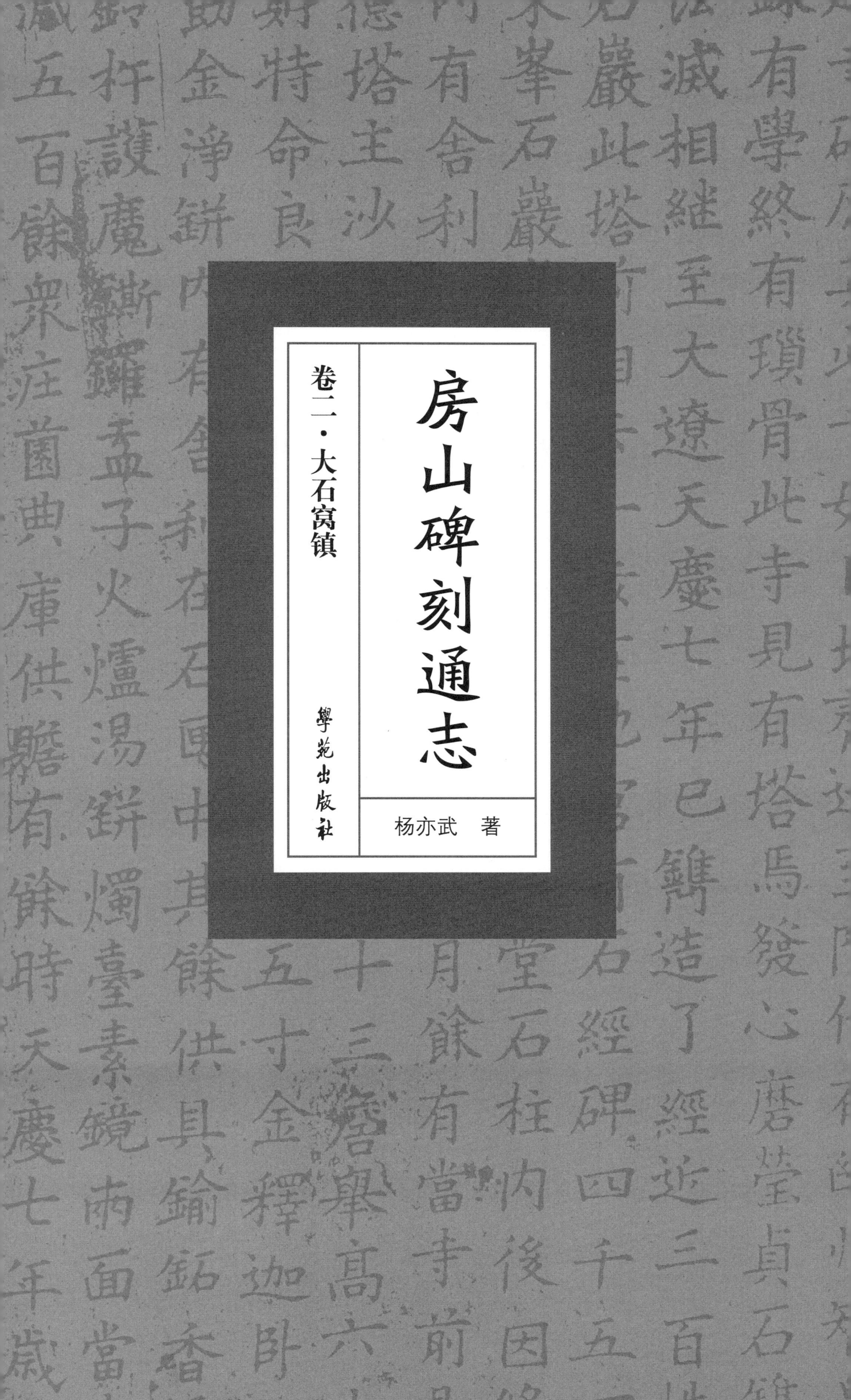

房山碑刻通志

卷二一·大石窝镇

学苑出版社

杨亦武 著

大石窝镇碑刻资源调查项目

总 策 划

唐海蛟　　王永年

本卷策划

王心松　　冀显江　　杨海峰　　曹燕杰　　朱华俊

序

　　历代碑刻，是研究历史文化、地方文化、民俗文化的一把钥匙。完整系统的碑刻文献，是研究地方历史文化的百科全书，是地方人文历史最直接、最确凿、最可信的文献。在碑刻丰富的地区，完整系统的碑刻史料，其历史信息的丰富和准确，可以勾勒一个地区历史文化的全貌。

　　房山历代碑刻总数800余件，历史年代自北魏、北齐、隋、唐、辽、金、元、明、清，直至民国，其分布遍及域内所有乡镇街道。时代延续之久，分布之广，内容之丰富，令人叹为观止。这是祖先留给后人的一笔丰厚的文化遗产，我们这一代人，应该将其完整地发掘整理，惠于今人，传之后世。

　　在京津冀协同发展的大背景下，首都北京正以惊人的速度迈向城市化。10年，20年，或是更长一段时间，传统农村将彻底消失。植根于乡土的碑刻文献的研究发掘，有赖于这片乡土。抢救性的发掘整理碑刻资料，是时代赋予文化工作者急迫的责任和使命。房山是首都历史文化大区、北京文明的发祥地，全面整理历代碑刻资料，对北京历史文化研究极为重要。此前出版过一些房山的碑刻资料，收录碑刻少则几十件，多则一二百件，对地方文化裨益颇多，进而令人期待一部全面系统志录房山碑刻的专著，可喜《房山碑刻通志》著成付梓。

　　1999年至2001年，我曾任房山区文化文物局局长，其间，把房山历史文化的发掘整理作为工作重点，全面普查田野石刻，对可移动的石刻集中保护，拓印整理碑刻资料。杨亦武当时在本局做文物工作，得知他1982年便着手房山碑刻资料的收集整理，即给予其大力支持，安排其赴哈尔滨阿城考察金上京，赴上方山进行为期三年的历史文化调查，形成了《大房山金陵考》《房山历史文物研究》《云居寺》《上方山兜率寺》等阶段性成果。2001年末，我调往房山区教委任职，杨亦武的历史文化研究仍在继续。他持之以恒，坚持不懈，集30余年之功，终于完成了800余件碑刻的抄录、整理、考证、分类、编目，著成《房山碑刻通志》，各卷将陆续出版面世。

《房山碑刻通志》以乡镇列卷，全志共8卷，各镇篇幅依碑刻多寡而异。大石窝镇碑刻称最，独列3卷，其余5卷均为数镇合卷，如卷四，即为城关街道与周口店镇的合卷。每卷镇下列村，村下录碑，从而涵括房山全域碑刻，形成完整的地方碑刻文献体系。

这部通志是解读房山历史文化最确切、最直观、最全面、最系统、最真实、最可靠、最实用的地方文献。此著不止收录碑刻原文，而是志、录、注、考兼备：志，概述镇村历史文化及碑刻大略，介绍碑刻存在地的镇、村历史文化环境；录，即录入碑刻原文；注，注明碑刻的基本情况；考，对录文进行考证诠释。在录文过程中，著者认真抄录碑拓原文，校订了旧志碑文和历代录文中的讹误，删衍补脱，确保碑文原真无失，力图使本志成为最为可靠的碑刻文献。著者在碑文考释中下足了功夫，通过碑文的解读，厘清历史的来龙去脉，因而此志不仅是一部碑刻志，更是一部以碑刻为视角的地方志。一志在手，即可全面了解房山的历史文化、宗教文化、民俗文化之方方面面。既为房山区经济社会发展提供了历史文化支撑，又为北京史研究奠定了碑刻文献基础，其重要的文化价值不言而喻。时间是检验著述价值最好的尺度，我们还是让时间说话，让历史做出评价。

碑刻的整理研究，是一项辛劳而艰巨的工作。不仅需要必要的学术研究能力，更需要勤奋担当，吃苦耐劳。著者以一个文化人的责任和使命从事这项文化工程，故能三十年如一日，寒暑交替，为之不辍。像这样全面系统整理、研究、志录地方碑刻，并最终形成专著，在北京十六区实不多见。因此，也就愈加难能可贵。

文化是社会的责任，需要有人担当，谁来做不重要，重要的是有人来做。这是一种自觉的文化行动，作为一个文化人，应自任使命，勇于担当。《房山碑刻通志》的面世，让人鼓舞，使人振奋。时代呼唤更多脚踏实地的文化人，呼唤更多有利于国计民生的文化力作。

郭志族*
2018年元月于京南良乡

---

* 郭志族，北京市房山区人大常委会副主任。北京市房山区人。1959年出生，1981年7月参加工作。历任北京市房山区教育局党委副书记、纪委书记，北京市房山区文化文物局党组副书记、局长，北京市房山区教工委书记、区教委主任、区学习办公室主任，北京市房山区三化两区建设咨询委员会副主任委员。2015年1月，当选为北京市房山区人大常委会副主任。

凡 例

一、本通志碑刻分类以地域划分。以乡镇、街道为单位，乡镇、街道下列村，村下列碑刻。同一村中、同一地点的碑刻原则上列在一起。一村多点的，依次列出各地点碑刻。每个地点，则以碑刻时间顺序的先后为序。如此，以碑刻形成完整的地方文化体系，便于对地方文化的整体把握。

例：卷一大石窝镇，收录88件碑刻，分属于石窝村、辛庄村、广润庄、北尚乐、南尚乐5村，其中大石窝村35件，辛庄村16件，广润庄10件，北尚乐17件，南尚乐10件。其中辛庄村有福胜寺、隆阳宫、关帝庙、药王庙等，该村目下便依次录下上述地点的碑刻，每个地点，以碑刻时间的先后为序，如隆阳宫碑刻，最早为元代，其次为明代、清代，碑刻顺序如下：

元至元二十八年（1291）《重修隆阳宫碑》、元至治二年（1322）《大元加赠真大道教始祖刘真君之碑》、明隆庆六年（1572）《重修隆阳宫碑记》、清乾隆三十一年（1766）《重修隆阳宫施买香火地碑记》、清乾隆三十一年（1766）《重修隆阳宫大殿建立禅堂成砌群墙置买并施舍地亩等事序》。

二、本志以乡镇分卷，全志800余件碑刻，共分8卷，每卷1册，每卷平均收录碑刻百件左右。由于乡镇碑刻数量不同，每卷收录碑刻数量不一，有的过百，有的不足百件。大石窝镇碑刻最多，共占3卷，其他乡镇为两个或多个乡镇合卷。

三、本志分别采取三级目录或两级目录。独立成卷的乡镇为两级目录，一级目录为村，二级目录为碑刻。合卷的乡镇为三级目录，一级目录为乡镇，二级目录为村，三级目录为碑刻。

四、本通志体例分为志、录、说明、考释、附录。

1. 志：本志立足于地方文化，在乡镇、村的目下，志述村落的历史文化背景，以及碑刻综述。

2. 录：收录碑刻原文，这是本志的主体。本志收录的碑文，均为尚有碑

刻或碑刻拓片存在者。无碑刻或碑刻拓片存在，见录于文献的碑文，一般不予收录，极具历史文化价值的除外。如《卷三·大石窝镇》收录的唐开元十四年（726）刘济《大唐云居寺石堂碑》，是唐代云居寺刻经的重要文献，原碑虽然遗失，亦收录志中。对文献中有记载的碑刻文字，依原拓对其脱、衍、舛等问题予以校正。本志均以简体字录文，漫漶无法辨识的文字，用"□"表示，异体字和错别字依原碑刻照录，以存原貌。

3. 说明：即碑刻说明，本志收录的碑刻除碑刻外，还有经幢、墓志等，为表述一致，统称为"碑刻说明"。重点说明碑刻朝代、出处、大小尺寸、碑额文字。对于碑文撰者、书者、碑额书者、刊者，由于碑刻记载分明，不再重复。

4. 考释：即碑文考释，是对碑文的考证和解读。根据内容不同，考释分别为"碑文考释""幢文考释""墓志考释""题记考释"等。这部分，除对碑文考证和解读外，着重碑文记载的史迹与地方文化的联系。

5. 附录：即附录碑文。为了保证历史文化信息的完整性，相关散见于各种文献的碑文，因无碑刻和拓片存在，不能作为碑文录入，故注明出处，以附录的形式记入本志。

五、本志村名表述原则简述如下。

1. 以"村"冠名的村，原名照录。例如周口村。

2. 不以"村"冠名的村，村名两个字的，后加"村"；村名三个字的不再加村。例如：辛庄，录为辛庄村；周口店村，录为周口店。

目　录

导　言 / 1

水头村

○○一　杖引河源题字　唐长庆年间（821—824）/ 2

○○二　琬公塔题　辽大安九年（1093）/ 2

○○三　琬公大师塔铭　辽大安九年（1093）/ 2

○○四　复涿州石经山琬公塔院记　明万历二十年（1592）/ 4

○○五　重修石经山香树庵碑记　清康熙十一年（1672）/ 9

○○六　重修香树庵碑碣记　清乾隆二年（1737）/ 13

○○七　香树庵原置重修二善信碑记　清道光十五年（1835）/ 14

○○八　西域云居寺重开山第一代上溟下波古翁老人行略
　　　清乾隆四十三年（1778）/ 15

○○九　西域云居寺第四世万安瑜公和尚塔铭　清乾隆四十三年（1778）/ 18

○一○　嘉善愍孤檀般记　清乾隆四十六年（1781）/ 22

○一一　西域云居寺传临济正宗第三十七世上恒下朗正公和尚碑铭
　　　清嘉庆七年（1802）/ 23

○一二　大乘焕公和尚碑　清嘉庆十九年（1814）/ 26

○一三　传临济正宗涿鹿山西域大云居寺住持第七代临济第三十九世福渊
　　　辉公和尚塔铭　清道光七年（1827）/ 27

1

〇一四　传临济正宗第四十世涿鹿山西域大云居寺住持第八代明文达公和
　　　　尚塔铭　清道光十六年岁（1836）/29

〇一五　利公禅师碑铭　清同治三年（1864）/31

〇一六　慧公禅师碑铭　清同治三年（1864）/33

〇一七　旱劫凿井记　清光绪二年（1876）/37

〇一八　增公和尚行略　清光绪八年（1882）/39

〇一九　传临济正宗第四十四世云居堂上第十二代慈霞照公老和尚塔铭
　　　　民国十三年（1924）/41

〇二〇　云居堂上第十三代保泰澄公老和尚塔铭　民国十三年（1924）/44

〇二一　喜寿墓碑　民国二十二年（1933）/46

下庄村

〇二二　内官监倪太监寿藏记　明正统六年（1441）/49

〇二三　内官监太监倪忠墓镇墓文　明正统六年（1441）/52

岩上村

〇二四　嘉靖丙午磨碑寺督石唱和诗碑　明嘉靖二十五年（1546）/55

〇二五　嘉靖甲子磨碑寺督石诗碑　明嘉靖四十三年（1564）/58

〇二六　明隆庆磨碑寺赵锦诗碑　明隆庆六年（1572）/60

〇二七　重建磨碑寺记　明正德六年（1511）/61

〇二八　磨碑寺后殿钟楼捐资题名碑　清嘉庆九年（1804）/63

〇二九　磨碑寺碑记　清同治四年（1865）/65

〇三〇　重修磨碑寺记　民国十八年（1929）/66

〇三一　磨碑寺佛画像石　民国十一年（1922）至民国十六年（1927）/68

〇三二　重修山神庙碑记　清乾隆二十九年（1764）/70

〇三三　重修襥紫山山神庙碑记　清光绪二十四年（1898）/71

〇三四　购买山地文契　清光绪二十四年（1898）/73

独树村

〇三五　大悲心陀罗尼幢　辽 / 77

〇三六　大元国大都路涿州房山县独树里重建帝舜庙碑

　　　　元至顺元年（1330）/ 77

〇三七　大元宣举张公墓碑　元 / 83

〇三八　元故纹锦局百人长张公墓碑　元 / 84

〇三九　大元故显考父张公墓碑　元 / 84

〇四〇　明张玠墓碑　明 / 84

〇四一　独树里石匾　清雍正二年（1724）/ 85

〇四二　张有相墓碑　清乾隆三十六年（1771）/ 87

〇四三　张联纲墓碑　清咸丰五年（1855）/ 87

〇四四　重修关帝庙碑　清嘉庆十三年（1808）/ 88

后石门

〇四五　重修三义庙五道庙序　清同治七年（1868）/ 91

〇四六　永建桥梁改修娘娘庙碑记　清光绪十四年（1888）/ 92

〇四七　永建桥梁改修娘娘庙功德碑　清光绪十四年（1888）/ 96

〇四八　王敬斋墓碑　清嘉庆十八年（1813）/ 99

〇四九　王兴偕妻杨氏墓碑　清道光二十年（1840）/ 99

〇五〇　王琴父、母邢氏、继母王氏杜氏墓碑

　　　　清道光二十九年（1849）/ 100

〇五一　王琴、妻杨氏墓碑　清道光二十九年（1849）/ 100

〇五二　王府君、妻丁氏刘氏墓碑　清咸丰三年（1853）/ 100

〇五三　培补坟茔碑记　清光绪十七年（1891）/ 101

〇五四　邢兆麟、妻于氏墓碑　民国十五（1926）/ 104

前石门

○五五　邢府君号达泉偕配孟氏太君之墓　清光绪二十三年（1897）/ 107

○五六　邢公号北山之墓　清光绪二十四年（1898）/ 108

○五七　禁伤茔树告白　清光绪二十六年（1900）/ 108

○五八　邢景耀及妻杨、殷氏墓碑　民国四年（1915）/ 109

○五九　邢肇霈及妻常、孙、王氏墓碑　民国十年（1921）/ 111

○六○　邢氏先茔碑　民国十年（1921）/ 112

下营村

○六一　万泉庵重修碑　清嘉庆二十三年（1818）/ 116

○六二　重修万泉庵碑记　清光绪十五年（1889）/ 117

○六三　房山县富民第一泉碑　民国二十五年（1936）/ 120

高庄村

○六四　重修二郎庙记　明万历十八年（1590）/ 123

○六五　玉皇塔圣像记　明崇祯年七年（1634）/ 125

○六六　高朗及妻武氏、齐氏墓碑　清乾隆三十三年（1768）/ 127

○六七　高从礼及妻鲁氏敕赠碑　清乾隆三十三年（1768）/ 127

○六八　白玉塘修龙王庙碑记　清同治四年（1865）/ 128

○六九　重修村东桥道记　清光绪二十六年（1900）/ 129

○七○　房山县富民第三泉碑　民国二十五年（1936）/ 133

○七一　房山县富民第五泉碑　民国二十五年（1936）/ 134

半壁店

○七二　重修观音庵碑记　清乾隆五十三年（1788）/ 138

〇七三　重修观音庵碑记　清同治七年（1868）/139

〇七四　重修文昌魁星庙碑文　清道光十九年（1839）/140

〇七五　重修石桥古沟碑序　清光绪三十三年（1907）/142

〇七六　半壁店村创筑石桥碑记　民国二十年（1931）/143

〇七七　半壁店李氏先茔碑　清宣统三年（1911）/145

惠南庄

〇七八　重修观音庵碑记　清嘉庆十三年（1808）/149

〇七九　惠南庄重修送子庵庙宇志　民国十六年（1927）/151

〇八〇　崔镇山墓碑　民国八年（1919）/154

〇八一　房山县附贡钱君事略　民国十八年（1929）/155

〇八二　惠南庄墨斋周老君台善碑志　民国十八年（1929）/159

〇八三　钱氏坟茔志碑　民国二十一年（1932）/161

〇八四　宝琪钱君纪念碑　民国二十七年（1938）/163

王家磨

〇八五　郭尚信，郭起蛟，郭瑞祥、郭呈祥墓碑

　　　　清乾隆三十四年（1769）/166

〇八六　皇清处士讳廷芳字香清要公之墓　清光绪二十七年（1901）/167

〇八七　要氏先茔碑　清光绪二十七年（1901）/168

郑家磨

〇八八　清马凤祥墓碑　清光绪二十五年（1899）/172

三岔村

〇八九　东峪寺石额　明万历二十年（1592）/175

导 言

早在一万年前，智慧的先民便在大石窝镇拒马河畔的镇江营掬河而灌，陶土而居，创造了灿烂的镇江营文明，揭开了古北京早期文明最为辉煌的篇章。从新石器时代至晚商，古老的北京文明聚焦在镇江营。拒马河畔的镇江营，人文繁华，执古北京之牛耳，成为圣水之畔灿烂的燕都文明之前奏。西周燕国时期，镇江营人口稠密，村庄兴旺。房子一改原始的圆形，而为方形，平地建筑，用草拌泥垒墙，夯打柱础，铺好黄砂居住，灶壁上挖出烟道，通向户外。有的房子做出内外间，日常陶器摆放在灶址周围。这也是北京地区迄今发现的最好的古聚落遗址。

秦王政二十三年（前224）灭燕，在涿邑置涿县，大石窝镇即涿县属地。西汉属涿郡西乡县。当年西乡县西南有"独鹿鸣泽"，鸣泽之畔的山，史称独鹿山，大石窝镇的独树村，自西汉延续至今，村名由独鹿衍化而来。东汉属涿郡涿县，三国属范阳郡涿县，西晋属范阳国涿县，北朝时期仍属涿县，隋先后属幽州、涿郡涿县，唐代属幽州范阳县弘化乡，辽代属涿州范阳县西北。金属涿州范阳县永福乡，大定二十九年（1189）改隶中都大兴府万宁县，属白玉乡上乐里。明昌二年（1191）改奉先县，属白玉乡上乐里，金大安元年（1209）属中都奉先县怀玉乡独树里。元初未变，至元二十七年（1290）属大都路涿州房山县怀玉乡独树里。明代属顺天府涿州房山县怀玉乡独树里、张坊里。清代属顺天府涿州房山县。民国属京兆房山县，初改乡为区，设五个区，大石窝镇属三区，后设九个区，大石窝镇属七区，其中，镇江营、下滩、王家磨、郑家磨、蔡庄属八区。中华人民共和国成立后，先属张坊乡，后为南尚乐乡，今为大石窝镇。

　　大石窝镇以出产汉白玉著称于世。西周燕国时期，这种稀世美石便以"燕石如玉"驰名，后世称为玉石，或称白玉，大约清末民国，才称汉白玉。汉白玉的开采和汉白玉工艺，发轫于燕国，继踵于汉，初兴于北朝造像，隋唐时期，静琬刊刻石经始盛。自辽代，汉白玉用于南京陪都和宫殿建设，金营中都与金陵，元营大都，明清营北京与帝陵，均以其为主要石材。汉白玉承载了三千余年的古都文明史，号称北京古都之基，紫禁城、故宫之基。

　　佛教圣地云居寺绵延一千四百余年，素称"塔林碑海"，见证了大石窝镇宗教的繁荣。历代采石人为求平安祥和，创修寺庙，全镇自唐以来的寺、观、庙、庵众多。除云居寺之外，唐代创建的寺院有岩上磨碑寺、北尚乐禅房寺、南尚乐兴禅寺。辛庄隆阳宫始建于金大定年间，元代为真大道教重要道场。北尚乐杨氏、前石门邢氏，以及各村大大小小的世家，造就一方士风。兼之地利，较之其他乡镇，大石窝镇历代碑刻最为丰富，共有碑刻283件，超过房山区碑刻总数的三分之一，分布于石窝村、辛庄村、广润庄、北尚乐、南尚乐、水头村、下庄村、岩上村、独树村、后石门、前石门、下营村、高庄村、半壁店、惠南庄、王家磨、郑家磨、三岔村等18村及云居寺，其中隋代1件，唐代33件，辽代13件，金代9件，元代13件，明代48件，清代129件，民国37件。《房山碑刻通志》共8卷，卷一、卷二、卷三均为大石窝镇。

　　《卷二　大石窝镇》收录89件碑刻，其中唐代1件，辽代3件，元代4件，明代11件，清代51件，民国19件，分布于大石窝镇的水头村、下庄村、岩上村、独树村、后石门、前石门、下营村、高庄村、半壁店、惠南庄、王家磨、郑家磨、三岔村等13村。

　　　　水头村21件——唐代1件、辽代2件、明代1件、清代14件、民国3件。
　　　　下庄村2件——明代2件。
　　　　岩上村11件——明代4件、清代5件、民国2件。
　　　　独树村10件——辽代1件、元代4件、明代1件、清代4件。
　　　　后石门10件——清代9件、民国1件。
　　　　前石门6件——清代3件、民国3件。
　　　　下营村3件——清代2件、民国1件。

高庄村8件——明代2件、清代4件、民国2件。

半壁店6件——清代5件、民国1件。

惠南庄7件——清代1件、民国6件。

王家磨3件——清代3件。

郑家磨1件——清代1件。

三岔村1件——明代1件。

89件碑刻，收录碑文61篇、碑阴题21则、墓题21则、幢题1则、塔题1则、摩崖题1则、额2则、泉题3则、咒语2则、题诗13首。13村碑刻分布如下：

水头村——碑文19篇、碑阴题11则、摩崖题1则、塔题1则。

下庄村——碑文2篇。

岩上村——碑文6篇、碑阴题1则、咒语2则、题诗13首。

独树村——碑文2篇、幢题1则、墓题6则、额1则。

后石门——碑文4篇、碑阴题4则、墓题6则。

前石门——碑文4篇、墓题2则。

下营村——碑文2篇、泉题1则。

高庄村——碑文5篇、碑阴题2则、墓题1则、泉题2则。

半壁店——碑文6篇。

惠南庄——碑文8篇、碑阴题3则、墓题3则。

王家磨——碑文2篇、墓题2则。

郑家磨——碑文1篇、墓题1则。

三岔村——额1则。

水头村

水头村因云居寺前的杖引河发源于该村而得名。水头，即河水之源头。水头村人文历史悠久，刘济《涿鹿山石经山堂记》："国朝贞观五年，涅盘经成。其夜山吼三声，生香树三十余本。"地点就是水头村南，贞观五年为公元631年。后来静琬在香树生处建立寺院，取名香树庵。190年后的唐穆宗长庆年间（821—824），唐人又在今水头村的西北山岩上镌下"古龙垒，皆护持万万年"的题刻，只是那时水头村所在还是一片蛮荒之地。香树庵北，是云居寺的塔院，曾有历代高僧墓塔百余座，其中就有开山祖师静琬的灵塔，此塔建于辽大安九年（1093），距静琬大师圆寂462年。

水头村聚落形成要晚得多，似在元、明之际，而明代成村的可能性较大。大石窝石刻中，最早记载水头村的是北尚乐禅房寺明嘉靖二十年（1541）《重修禅房院碑》，碑阴第一次出现"水头"，记载水头村杨姓三人、曹姓一人为修复禅房寺捐资。

该村的碑刻均与云居寺相关。本卷收录水头村碑刻21件：唐代1件、辽代2件、明代1件、清代14件、民国3件，其中有碑文19篇、碑阴题11则、摩崖题1则、塔题1则。

〇〇一　杖引河源题字

古龙垒,皆护持万万年。

碑刻说明

唐长庆年间（821—824）刻。石在云居寺北的水头村杖引河源。拓片高34厘米,宽19厘米。

题记考释

此为水头村址迄今最早的文化痕迹,为解读该村的人文历史提供了重要线索。

〇〇二　琬公塔题

开山琬公之塔

碑刻说明

辽大安九年（1093）刻。原在水头村香树庵遗址北,琬公塔正面正中。今在云居寺地宫西。拓片高69厘米,宽29厘米。

〇〇三　琬公大师塔铭

燕京延洪寺讲经论沙门善雍　当寺校勘石经之次录书

自隋大业中，有智泉寺静琬法师始发心刻石经以虞法灭。唐贞观五年涅盘经成，不日一十二部经就，遂于白带山顶石室中藏之，兼外以铁锢其户矣。师贞观十三年卒，以其法宝未就，故师灵骨未得瘗焉。至大辽大安初，云居寺东峰顶，无故忽有异人呼寺僧，指云："此山有先师舍利，汝盍开焉。"如是至三，其僧方集众于所指地开之，遂于石内获师灵柩，俨有钩锁之状。至大安九年春首，有通理大师睹彼胜迹，因继其功，乃放大乘十善戒，度徒数十万，俟利颇多。续经之暇，遂缔构贞珉以为浮图一所，举高二丈余，于寺之壬以理葬焉，其余事迹具在冥报记中。夫积善于世，乃垂誉于千祀。师之令名，传千万古，俾为实录，无愧于辞。谨为铭曰：

师之生也，家显国昌。师之动也，为福为祥。与善与乐，济苦除殃。镌经密锢，备法摧殇。未满其志，俄归逝水。黯黯风烟，萧萧云气。刻贞珉兮记其铭，俾懿德兮光万祀。

维大辽大安九祀龙集昭阳作噩月吕应钟乙巳朔二十九日癸酉丙时瘗

碑刻说明

辽大安九年（1093）刻。此碑原在水头村琬公塔内，1976年琬公塔迁至云居寺药师殿院内，拆迁时在塔下地宫内发现了此碑，现存于云居寺。此碑为长方形，大理石质，长70厘米，宽40厘米，厚6厘米。

碑文考释

龙集昭阳作噩月吕应钟，即岁次癸酉十月。

龙集，犹言岁次。龙，指岁星。集，次于昭阳，十干中"癸"的别称。《尔雅·释天》："（太岁）在癸曰昭阳。"作噩，十二支中"酉"的别称。《尔雅·释天》："（太岁）在酉曰作噩。""昭阳作噩"实际上就是干支"癸酉"的另一种表达法，而辽道宗大安九年的干支正是"癸酉"。吕，我国古代音乐，十二律中的阴律有六种，总称六吕，应钟为六吕之一。月吕应钟，意思是说月份按阴律六吕计算，在应钟律上。古人以古乐律十二律与十二月相配，每月以一律应之。应钟与十月相应，故"应钟"为十月。

据此碑，隋大业年间（605-618），智泉寺僧静琬发愿刻经，唐贞观五年

（631）刻成《涅盘经》，先后刻佛经十二部。贞观十三年（639）静琬圆寂，因刻经夙愿没有完成，所以其灵骨没有建塔礼葬，暂时存放在他刻经的石经山。大安元年（1805），有人再三对住僧说："此山有先师舍利，你何不打开看看？"僧人按照他的指引，果然找到静琬的灵柩。大安九年一月，在云居寺续刻石经的通理大师，刻经之暇，用汉白玉建造石塔一座，将静琬法师的灵骨葬于云居寺外的香树庵北。

琬公塔于1976年迁至云居寺药师殿院内。1999年辽金石经回藏，再迁至石经地宫西侧。

〇〇四　复涿州石经山琬公塔院记

住东海那罗延山海印寺沙门释德清撰

赐同进士出身资善大夫吏部尚书前刑部尚书南京吏刑二部尚书侍经筵官平湖篆额

赐进士出身翰林院编修承事郎巴西黄辉书丹

昔尝阅藏教，睹南岳思大师愿文，愿色身常住，奉持佛法，以待慈氏，斯已甚为稀有矣。及观光上国，游目小西天，见石经何其伟哉！盖有隋大业中，幽州智泉寺沙门静琬尊者，虑三灾坏劫，大法堙没，欲令佛种不断，故乃创刻石藏经板，封于涿州之西白带山。山有七洞，洞洞皆满。由大业至唐贞观十二年，公愿未终而化，门人导、仪、暹、法四公相继，五世而经亦未完，历唐及宋代不乏人。至有元至正间，高丽沙门慧月大师，尚未卒业，其事颠末，具载云居各树碑幢间。惟我明无闻焉，何哉？噫！苟非其人，道不虚行，佛种从缘起，其是之谓乎？初达观可大师，于万历丙戌秋，访清那罗延窟，北游云居，至琬公塔，一见则泪堕如雨，若亡子而见父母庐墓也。抱幢痛哭，徘徊久之而去。南游峨眉回，至金坛，为报父母恩，手书法华、楞严二经完。越六年，壬辰六月，走都下，属太仆徐君琰造琅函，将送置芦芽万佛塔，曰：暂憩潭柘。不日慈圣皇太后闻之，遣侍臣陈儒，赍斋具往供之。且随师再谒云居，礼石经于雷音寺。时忽光烛岩壑，及揭殿中拜石，石下有穴，穴中有函，函中银匣，盛金匣，贮金瓶，藏佛舍利三颗，璨若金刚，恍如故物，一众称异，悲喜交集。已而载礼琬公。是时，塔院业已为寺僧卖之巨室，公骨将与狐兔同巢矣。师怆然而悲，即以慈圣所供斋僎金赎之。不足，仍因中贵杨廷属弟子法灯助成之。师因避暑上方山，清亦来自东海，谒师于兜率院，谭及此，抚掌痛慨。食顷，师上足密藏开公持赎院券同琰君至，师跃然而喜，即拉清同过云居礼赞焉。冒雨冲泥，穷日而至，右绕三匝，默存俨然，凛凛生气。叹曰：公其不朽哉！因感遇，与琰君共捐金购地若干亩，为守奉香火资。达师命清记其事，顾清何人，唯唯而作是言曰：尽大地为常住法身，唯至人能知一微尘有大千经卷，唯智眼能见以如是身，说如是经，是法甚深奥，少有能信者。信之者岂易易哉！是以吾佛世尊，于旷大劫观十方界，无芥子许不是舍身命为众生，故而求此法处，刚求而得之，即于一毛端头现宝王刹，一微尘里转大法轮，是则所说三藏十二部，言言字字，皆吾佛骨血心髓也。故曰，此经在处，皆应起塔供养，不须复安舍利，以此中已有如来全身，故是以能持此法者，则为报佛深恩矣。故灵山会上，佛欲以此法付嘱有在，是时人天百万，无一人敢吐气荷担者。顾此大众，岂非英杰丈夫哉？况亲承佛教，心领佛恩，而犹逡巡畏缩之如此，必待从地涌出六十二亿恒沙众者，此何以故？且又但许如来灭后五百岁，如是而已。况待慈氏弥三灾，历穷劫乎？足见持法之难也如此。由是观之，能起一念护法深心者，则为诸佛护念矣。良繇佛非法无以成正觉，法非佛无以度众生，生非法无以明自心，心不明无以护正法，法不护又何以报佛恩，称佛子哉！惟其佛灭而法不灭，法常则佛身常住矣。佛以常身据法界、建大业，至若守护封疆者固其多方，唯我南岳大师总持以愿轮，不若琬公见之于行事。虽然，佛业固大，非南岳无以振其纲。岳愿固宏，非琬公无以缵其业。琬功固高，非慧月无以继其志。呜呼！因修者易，草创者难，续焰传灯，代有其人。若失峥嵘法界，一始终，同休戚，苦心深虑，克绍如来家业者，除庆喜去童寿，唯我琬公一人而已。噫！公功大矣。穷劫众生受其赐，微公佛亦左祖矣。是亲承密印而来邪？抑六十二亿之一邪？何其顾力广大如此也？慨夫浊世知公者希，则公者贵。至若知公则公又唯我达观大师一人而已。唯公与师，正谓千载且莫之遇也。嗟乎！世不知公则不知佛，然不知师又何以知公哉？愚谓公心即佛，公骨即经，广长舌相，不灭不生，佛法不朽，赖公骨存，骨与法界，相为始终。今师与公生死而肉骨之业既往而又复之，则是重剖一尘而出法界之经也，岂小缘哉！呜呼，公之骨托于师，师之心刻于石，后之览斯文而不坠泪者，犹人闻父母心血骨髓而不动色，断断乎非真子也。清固谓，吾徒有泪定当洒于琬公之骨。

明万历壬辰岁秋七月望日知房山县事太原王育才立石 东安任三重镌

碑刻说明

明刻。此碑现立水头村琬公塔前，1976年随琬公塔迁于云居寺药师殿院内，1999年再随琬公塔迁至石经地营西侧。碑首高124厘米，宽120厘米，厚44厘米。碑身高211厘米，宽110厘米，厚32厘米。碑座高86厘米，宽154厘米，厚62厘米。青石质，螭首方座，首身一体。碑座上雕有二龙戏珠、灵芝、海水江崖、流云等图案。

碑文考释

万历丙戌，即万历十四年（1586）。万历壬辰，即万历二十年（1592）。

释德清，俗姓蔡，法名德清，字澄印，号憨山，全椒绰庙人（今安徽和县）。明末四大师之一。大师生于明代嘉靖二十五年（1546）。大师满周岁时曾大病一场，母亲在观世音菩萨像前祷告：愿舍儿出家。不久病即痊愈。为此，母亲将大师寄名于本地长寿寺，取乳名为"和尚"。12岁削发入佛门，19岁受禅法，曾在南京报恩寺为僧，后云游各地。来到山西五台山，在北台时，爱憨山之秀峰，遂取此为号。

达观可，亦称达观真可，江苏吴江人。俗姓沈，法名真可，字达观，号紫柏，世称紫柏尊者。他与憨山大师德清、莲池大师袾宏、藕益大师际明号称明末四大师。他七岁时，辞亲远游，欲立功塞上。行至苏州，宿虎丘云岩寺，闻寺僧诵八十八佛名号，内心欢喜。次日晨，即解腰缠十余金设斋供佛，从寺僧明觉出家。真可出家后，常闭户读书。年二十，受具足戒。不久，至武塘景德寺闭关，专研经教，历时三年。万历元年（1573）至北京。真可在万历初年，为便于信众请经，产生了刻造《方册藏》的愿望，后来得到陆光祖、冯梦祯等人的资助，开始筹备刻经。

明万历十四年（1586），真可偕弟子道开远赴山东半岛的崂山，为刊造《方册藏》一事走访一个佛教界赫赫有名的大师，这个人，就是德清。德清是万历十一年（1583）四月，慕崂山之盛名，离开五台山来到崂山，他先在崂山那罗延窟修禅，见崂山乃一形胜之地，但处处"琳宫皆为荆棘"，甚为叹息。他本想长揖山灵而去，又不舍此处之钟灵毓秀，故淹留崂山。慈圣太后遣使送三千金为他建庵居住，时山东遭灾荒，他即建议将此金全数施予孤苦。

真可来访的这一年，德清正在崂山建设一座宏伟的寺院——海印寺。这座寺院自万历十三年（1585）动工，已经建设了一年之久。一年前，德清得到慈圣太后的资助购下崂山太清宫的地产。又得到即墨江、黄两乡绅和泰岩、荫谭诸人的施助，始建海印寺。德清又迎来了一大喜事，这一年，神宗印刷大藏经十五部分送全国名山，慈圣太后特送一部给东海崂山，因无处安置，又施材助德清修寺。真可抵达海印寺后，以刊造《方册藏》事与德清相谋，逗留二十日。便携锡北归。

途中，真可专程来云居寺参礼，他来到琬公塔前，一见便泪堕如雨，若亡子见父母庐墓，抱幢痛哭，徘徊久之。真可何以到云居寺参礼琬公塔，文献没有说明，但就真可筹造《方册藏》的背景看，他参禅静琬这位900多年前的刻经大师，必和他筹造《方册藏》有关，他此行的目的一定是想从这位刻经先贤身上寻求感染和激励。这是真可第一次来云居寺。

六年以后，真可再次来云居寺参礼，竟然令奉安在雷音洞976年之久的舍利重现于世。

多年来，真可大师为报父母养育之恩一直亲手抄写着《法华经》《楞严经》两部经卷，到万历二十年（1592）刚好完成。这一年四月十五日，真可以弟子道开、如奇随行，从五台山来到北京，托太仆徐琰，造个精美的石函，将《法华经》《楞严经》珍藏其中，然后送到芦芽万佛塔奉安，其间暂栖京西潭柘寺。慈圣太后闻讯，遣近臣陈儒、赵赟送斋供资。五月十二日，陈儒、赵赟随真可一行自潭柘寺来到房山的云居寺，五月十九日前往石经山雷音洞参拜。达观见洞内"像设癱敝，石经薄蚀"，于是命东云居寺住持明亮加以修缮。动工的第二天，僧人们启开雷音洞内的拜石，石下有穴，内藏石函约1尺见方，面刻"大隋大业十二年岁次丙子四月丁巳朔八日甲子于此函内安置佛舍利三粒，愿住持永劫"36字铭文，内贮四五升灵骨，状如石髓，异香馥郁。其间有一银函方寸许，内盛小金函半寸许，金函内有一个小金瓶，内贮3粒舍利，状如小米，紫红色，按《法苑珠林》所言，这3颗舍利为肉舍利。达观即刻通过赵赟把石经山雷音洞发现佛舍利一事上奏。慈圣太后获悉，欣然斋宿3日，六月初一日，把佛舍利迎入其寝宫慈宁宫，供养3日。

真可逗留云居寺，再次参礼琬公塔，岂料，塔院已被寺僧盗卖给当地富豪，真可悲伤不已，当即决定，拿出慈圣太后的供养金赎回云居寺塔院，不足部分，由法灯等人资助。

当真可带着如奇、道开，礼拜刻经创始人琬公灵塔的时候，在山西的五台山，真可的弟子们正在刊刻着《方册藏》。刻藏事体由真可门人如奇等主持，于万历十七年（1589），开始在五台山紫霞谷妙德庵刊造，到万历二十年（1592）已经进入了第四个年头。当年山中气候严寒，刻经工作极为艰难。这一天，真可再来云居寺参礼，且以主持刻经的如奇随行，其中的用心，不言可知。和第一次一样，他再次来云居寺参礼，显然是缘于他的刻经情结。

时值盛夏，云居寺所在的北方，正是酷暑难耐的季节。真可大师便来到云居寺以北十数里的上方山避暑。此时，崂山海印寺的德清大师闻讯赶来，在上方山兜率寺见到了真可。二位大师自万历十四年（1586）海印寺一别，整整六年，久别重逢，真可谈及刚刚在云居寺的一段经历，两人抚掌痛慨。说话间，真可门人道开、徐琰，手持赎买云居寺塔院券契而来。真可高兴得从座位上站起来。当即拉着德清冒雨一同前往云居寺。天雨泥泞，两位大师走了一天的路，傍晚才抵达云居寺，不仅赎回了塔院，还赎回了香树庵，为香树庵购置下庄一所，计地500亩。真可和德清顾不得一路劳顿，赶到塔院，顶着风雨绕琬公塔三匝礼拜，然后默哀伫立。受真可委托，德清撰写《复涿州石经山琬公塔院记》刻碑于石，当年七月十五日，立于琬公塔旁。

陆光祖，字与绳，浙江平湖人，因志在佛法，自号五台居士。明正德十五年（1521）生，嘉靖二十六年（1547）成进士后，除知县，累迁至吏部尚书。晚年时，达观真可相从游，与冯梦祯等人资助达观真可刊刻《方册藏》，着力研究佛乘，修习念佛三昧。临死前，紫柏老人来看望，为其说偈。陆光祖之子陆伯贞，题有《紫柏老人像赞》，叙述了陆光祖一生的护法及其和紫柏大师交游的经历。

黄辉，明四川南充人，字平倩，一字昭素。万历十七年（1589）进士，改庶吉士，授编修。当时同馆诗文推陶望龄，书画推董其昌，黄辉诗及书与之齐名。袁中道称其诗奇而藻，但佳作多散佚。官终少詹事兼侍读学士。有《贻春堂集》《铁庵诗选》。

○○五　重修石经山香树庵碑记

观夫涿之西北有山曰白带，因隋大业间有静琬大师飞锡至此，以慧目观之叹曰：予游天下多矣，经火而不坏者其惟此山乎！遂刻石藏经藏于此山，待三灭后流通此经，使佛法之不断者也，故云石经山焉。因有一洞号曰雷音，故土人又称为小西天。

山之西胁有庵曰梦堂，乃琬公刻经之所也。其后公刻涅盘经成，其夜山吼数声，地涌香树三十余株，故额曰香树庵焉。历唐、宋、元、明千有余载，或兴或废，代亦有之。而后沦胥摧落，俱为俗人之产。明季万历间，有达观可大师挂锡此地，遂捐钵费，就郭某处赎之。又置下庄一所，计地五百余亩，以供香火焉。其后继传一僧石璧，乃私鬻其庄而逃。此庵无主，遂寄之胡良延寿寺矣。

甲辰秋，有纯白大师，乃中州南阳唐县李氏之子也。披剃少室，参学天下。远涉燕山，近栖涿水，其岁应讲于涿之南关药王禅院，一日有延寿主人含公为众营斋，师乃邀归方丈以叙之。曰：予虽应法席，志慕西方，奈何未得其所。含公曰：我有一庵，不知可否？待期竣，同含公策杖西行登石门之垫，望香树之林。睨其松风迢递，涧水湾环，则香树一庵在焉。师乃欣于敷座，乐而忘归。曰：吾得此庵，其志足矣！而回顾含公曰：奈佛殿僧房皆瓦砾耳！公慨然曰：师若肯住，愿充修造。

乙巳春公命工匠，未几将北禅房五间已构成矣。其年五月廿九日，公复约缁素百余人请师入院。其冬，讲楞严百日。至丙午春，师复延四众，结社修造。未及数载，而佛殿、僧房、山门、墙垣，靡不具备，紫金光聚。于是焕赫峥嵘矣。复开荒地，为水田二十余亩。畜果树佐佛供千有余株，莫非师之亲手经营之利也。盖纯师以少室嫡嗣、柱石洞宗，行脚出尘，标格凝远。天棸外播，运三密于瑜伽。珠火内涵，契无生于悉地。以之高登讲座，主化十方。俾之淬砺法刃，袪逐埜狐。提唱机缘，剪诸异见。使恂恂绕席者去粘解缚，抽钉拔楔矣！谛观纯师与含公二上人，非琬师之再来，必达观之复世矣！就斯刻石以记之，用垂慈氏之不朽也。

北海居士周龙舒松庵氏熏沐谨撰

旹皇清康熙拾壹年岁次壬子桂月望日

碑刻说明

清刻。此碑立于云居寺北水头村香树庵遗址。方首抹角，青石质。碑身高128厘米，宽78厘米，厚17厘米。碑额正书"香树庵记"。阴碑额正书"慈氏不朽"。

碑文考释

甲辰，康熙三年（1664）。乙巳，康熙四年（1665）。丙午，康熙五年（1666）。壬子，康熙十一年（1672）。桂月望日，八月十五。

香树庵，创建于唐贞观五年（631），静琬刻成《涅盘经》，当夜三吼三声，生香树三十棵，静琬创庵于此，便叫香树庵。明万历二十年（1592），云居寺败落，塔院和香树庵被寺僧卖给郭姓人家，达观可禅师用慈圣太后所赐供养金，又得到弟子法灯的资助，从郭姓手中将香树庵和塔院赎回，并置下庄一所，计地五百亩为香树庵香火地。

到清初，香树庵住持石壁，私自将下庄盗卖，弃庵而逃。香树庵无主，由涿州城北胡良村延寿寺托管。

康熙三年（1664），少林寺传曹洞正宗第三十九代兼传贤首宗第二十八代纯白大师，应邀到涿州南关的药王禅院讲经，恰好胡良村延寿寺主含公在禅院为听众备办斋饭，纯白大师邀请含公在方丈一叙。交谈中，含公得知他希望有个长住之所，告诉他有座香树庵。纯白随含公来到香树庵，见到松风迢递，涧水湾环，甚为满意，可惜佛殿僧房皆瓦砾，含公慨然应允为纯白重修。

康熙四年（1665）春，含公请来工匠，兴工建造，当年北禅房五间落成。康熙五年（1666）春，纯白大师邀及僧俗四众，结社修造。几年时间，佛殿、僧房、山门、墙垣，一应齐备。又在荒地上开垦水田二十余亩，种果树千余株。

纯白,中州南阳唐县(今河南省南阳市唐河县)人,俗姓李,在河南少室披剃出家。

碑阴

内院冯铨、信官孙颢、信官冯庭榘、信女冯门刘氏、冯门钱氏、冯门张氏

优婆塞:沈嗣龙、张添吉、张昌徹、高有孝、韩光祚、刘光玺、朱应麟、王都、张士魁、王德仁、方剑、解寄理、李从喆、刘喜宪、田万富、姚□和、周之翰、金朝显、蒋世雄、李世虎、商文进、王文秀、郭性望、王信安、刘栋、王信、王理、刘文富、金鼎、孙之邃、史禹臣、史唐臣、公申、刘文科、陈宗孝、石应宇、侯世芳、裴尚荣、陈标。

优婆夷:沈门张氏、张门蔡氏、高门徐氏、张门段氏、刘门王氏、张门臧氏、李门孔氏、刘门姜氏、杨门王氏、贾门周氏、萧门刘氏、金门赵氏、金门□氏、金门李氏、黄门李氏、张门孙氏、黄门张氏、孟门胡氏。

比丘:□心、戒慧、超佛、超藏、永庄、性海、性□、三学赤、仓虚光、云风先、恒然愈、宗昙熙、恪亭敬、三秉祥、荣川福、辨元栋、淡中立、洪如觉、□光瑞、敬芳成、慧光□、奕宗常、乐庵宝、魁庵元、慧真晔、隆祥旺、达宗德、□初本、□天月、乐天慧、心衲本、月如福、默旭春、禅光喜、秀川玉、乐然住、通真敏、隆光□、弘□宽、玄珠宝、天玺印、天一清、玄住□、法林山。

临山檀越:朱明阳、朱明魁、周三乐、周三省、周三进、周三让、王得贵、邢自成、高应征、张一经、高洪亮、许□□。

诸山师德:息瓮浩、奇峰林、素如艳、定吾、奇峰山、悟亭溥、非相悟、脱尘规、闻余学、德如悟。

胡良延寿寺住持正宗恒、含育彻。

祖庭大少林寺传曹洞正宗第三十九代兼传贤首宗第二十八代香树庵住持纯白玉徒祖芳。

师祖济然周。

碑文考释

文载内院冯铨等及优婆塞、优婆夷、比丘、临山檀越、诸山师德等助修功

德主名号，而冯铨及冯门信女列于首位。

冯铨，字振鹭，顺天涿州（今河北涿州市）人。生于明万历二十三年（1595），十九岁中进士，授翰林院检讨。天启五年（1625），以礼部侍郎兼东阁大学士入内阁，不久即晋尚书，加少保兼太子太保。次年即免罢。崇祯初赎徒为民。顺治元年（1644）归顺清，以大学士原衔入内院佐理机务，故碑阴称"内院冯铨"。康熙十一年（1672）卒于涿州。谥文敏。云居寺南、拒马河北岸广润庄，明代为冯铨庄园。

康熙五年（1666）前后，含公、纯白重修香树庵，得到了冯铨的大力资助。信官冯庭槃，应是冯铨家的晚辈，"信女冯门刘氏、冯门钱氏、冯门张氏"为冯铨家的妻室。

曹洞宗：也称洞家，是我国佛教禅宗五家七宗之一。以洞山良价为宗祖，宗名之由来有二：一说洞指洞山，曹指曹山，乃合师良价所住之江西宜丰县之洞山与徒本寂所住之吉水县之曹山之名，本应称洞曹宗，习惯于称曹洞宗；另一说取曹溪惠能之曹与其法孙洞山良价之洞，合称为曹洞宗。取六祖曹溪惠能，系以此表明本宗乃六祖正风之嫡传，惠能门下以青原行思、南岳怀让二者最杰出，本不分嫡庶，后一宗之法分而为二，至开创中国禅宗史上的五家七宗，即南岳怀让其下开创的临济（杨岐、黄龙两派）宗和沩仰宗，青原行思其下开创的云门、法眼、曹洞三宗。曹洞宗一系传承惠能、青原行思、石头希迁、药山惟俨、云岩昙晟之一脉，历经衰落、中兴，远播海外，至今宗风犹存。

五位说是曹洞宗的禅法理论，奠基于良价和本寂，也是他们二人的发明。在南宋惠洪《禅林僧宝传》、智昭《人天眼目》、清代性统所编《五家宗旨纂要》，以及明代和日本人编的洞山、曹山语录中，皆有记载他们关于五位说的资料。良价彻悟自性后，觉得惠能所提倡的顿悟法门，不是一般的人所能做到的，于是他就揭橥五位的方便法门，因势利导，广接上、中、下各种不同根器的学人，后来弟子本寂又加以发展，遂成独具特色的、绵密完整的曹洞五位说。

贤首宗：中国佛教宗派之一，因以《华严经》为根本典籍，又名华严宗。因实际创始人法藏号贤首，称贤首宗。该宗以发挥"法界缘起"的思想为宗旨，又称法界宗。相传学统传承为杜顺、智俨、法藏、澄观、宗密。该宗推戴杜顺为初祖，而实际创始人为法藏。主要教理为法界缘起说。认为宇宙万法、有为无为、色心缘起时，互相依持，相即相入，圆融无碍，如因陀罗网，重重无尽。并用四法界、六相、十玄等法门，来阐明无尽缘起的意义。

〇〇六　重修香树庵碑碣记

雍正叁年岁在乙巳孟春之初，僧人□□来□□□□□重修，增其旧制，又怯其不彰，今□予作文以记□□□□流前，殿前竹翠，梵院花□辉煌者□□□□焕然□□□□已美矣。尤有胜者，殿北有亭。亭后即山，屏列如画。亭左□□树木阴翳，蝉声唱和而不绝。清风徐来，竹林沥沥，□□□其在斯乎，其在斯乎！游人至此，听蝉声，观绿竹，□山色，□情□。所以忘返者，盖乐其殿宇辉煌，景趣靡穷耳。虽然，兰亭已□，后人之培植不力，其殿宇之辉煌者岂能久而不变哉？殿宇山门，茂林花竹，□□□，则诚然所谓心旷神怡者，不又将感□之法则也。今法□□，已重修一新，倘所谓□世之法则者。非而动念，当思守□□不□知创造之□□□□□制而或损。苟非有法智培之于继者，虽有其始，将必无终。噫！法智之功□于后昆，欲求□于不朽，故勒石于贞珉，□重修□一举。是为记。

房邑庠生□□□□

住持僧人□□□□

旹乾隆贰年岁次丁巳季夏吉旦立

碑刻说明

清刻。立于云居寺北水头村香树庵遗址。拓片通高150厘米，宽70厘米。碑额正书"万古流芳"。

碑文考释

文中记载清雍正三年（1725）僧人某至此，重修香树庵事。文中述香树庵重修后之胜境，笔调闲逸，美不胜言，可惜碑残损，至文字有缺。

〇〇七　香树庵原置重修二善信碑记

善闻须达布金起居，供说法之天。祇陀施树覆荫，示修因之地。斯给孤独园之所由来也。兹有云居寺之北，有古刹香树庵，历年久远，风雨飘摇。有信女宗室赵门张氏法名真善者，常于云居作诸功德，偶经其处，目击心怆。遂出己资，售斯旧址。又有山西汾州府汾阳县冀村镇善人，今寄居永清县南关镇信士张隆太，自捐己资，发心重修。今当大工告竣，佛像庄严，焕然一新。二善情愿供为云居别所，此其功德无量无边。又经言香树者，过上方四十二恒河沙佛土有世界，国名众香，佛号香积，今现在香树下说法。其中楼台池榭，以及人天供养，皆以香气而作佛事。有诸天子同号香严，在香树下共听香积如来说法，闻斯香者皆发阿耨多罗三藐三菩提心，直至菩提香气乃消。斯庵之称，其亦有见于此而立耶？若然，则置址重修，谓之祇园后学亦可。即谓之众香有分，亦无不可。余喜其众香国土依正庄严，现瑞于兹山也，将必有香严诸天听法于此者乎！其功德可胜言哉？故乐而为记。

香树庵第道光二年宗室赵门张氏法名真善置，八年山西汾州府汾阳县冀村镇张隆太重修，功德无量。

后学比丘慈海氏普济撰书

云居寺住持广泰氏空利刻石

大清道光十五年岁次乙未夏六月谷旦立

碑刻说明

清刻。此碑立于云居寺北水头村香树庵遗址，方首抹角，白石质。碑首高61厘米，宽79厘米，厚22厘米。碑身高130厘米，宽77厘米，厚18厘米。碑额正书"因果不昧"。文载道光二年（1822）宗室赵门张氏法名真善置香树庵地，道光八年（1828），张隆太重修香树庵，供为云居别所之事。

碑文考释

阿耨（nòu）多罗三藐三菩提：梵语，意为无上正等正觉，即最高的智慧觉悟。阿耨多罗是"无上"之意，阿为"无"，耨多罗为"上"，三藐是"上而正"

之意，三菩提是"普遍的智慧和觉悟"。

张真善为清贝勒绵律侧室，皈依云居寺第七代福渊为俗家弟子。道光七年（1827）八月《孝女张氏法名真善功德茔地碑记》："兹有前任贝勒讳绵律之张侧室，善根淳厚，佛地缘深，发心皈依第七代上福下渊辉公和尚为三宝弟子，受菩萨大戒，赐名真善，供养三宝，庄佛斋僧，功德无量。"

绵律，父一等镇国将军永璨，母妾舒穆禄氏，祖父弘瞻是雍正皇帝第六子，过继给康熙帝第十七子果亲王胤礼为嗣。绵律生于乾隆三十九年（1774）二月，乾隆五十六年（1791）七月过继给伯父果简郡王永瑹为子，袭贝勒。嘉庆十一年（1806）五月，因事被废去贝勒爵位。道光十一年十二月（1831）去世。

张真善以绵律贝勒侧室的身份，可谓高贵显赫。她皈依云居寺住持福渊门下。当年，香树庵倾圮，庵基沦为俗产，真善先于道光二年（1822）率先施钱赎回地基。

张太隆，山西汾州府汾阳县冀村（今山西省汾阳市冀村镇）人，后寄居永清县南关（今河北省永清县）。道光八年（1828），他施钱重建香树庵，并献给云居寺，从此香树庵由独立山门，重归云居寺。

○○八　西域云居寺重开山第一代上溟下波古翁老人行略

滇南湛富书丹

窃惟壁观九载，少室衍无尽之灯。橡栗七年，为山开不朽之业。若我溟祖中兴云居，较曩者无多让焉。祖讳超古，字溟波，世居武清，俗姓郭。先是，其父文选公曾削发于本邑天仙庙，祖母高氏以继嗣故仍令归宗。生祖，凡兄弟七人。祖最幼，方三岁，父疾昏迷至冥。冥王责曰："为僧苍黄，筹减一纪。"左右曰："稽其簿籍，幼子宿有净根，可令出家，以赎父罪。"王许之。既甦，具陈冥事。母王氏以是昏晦之辞不从，后更昏乃允。至七岁，仍投天仙庙智庵为师，但庙属应赴腥酒之作，无异俗习，祖每恨之。时于清夜月下绕树经行，忽觉生死系纷不能顿解。年廿五，跪讽华严三载，足不踰阃。时抱璞禅者见而异之，曰：夫人操存高举，当如垂天之云。作为雄状，必拟沧江之波。不可守些些绳墨，以使俭陋。祖闻之，遂诣愍忠圆具，时年三十有七也。后于天津如来庵依大博和尚结制。一日入方丈，问如何是某甲本来面目？尚竖拳。祖云："除此还有么？"尚便打，从是疑情顿发，坐卧不解。后随尚至杨村报成寺，尚落堂云："堂中有个病汉，欠出一身白汗在。"祖闻之，疑情愈切。忽于上单脱履有省，遂白尚。尚问本来面目。祖云："六六三十六。"尚云："不是，更道。"祖云："九九八十一。"尚以掌击之："这九九八十一，还是六六三十六。"祖一喝便出，自是当机不让。复侍尚三载，始蒙印可，嘱令住山。祖年四十，习静云居。虽饭糗茹草，不废接待。方来而斩棘除荆，每思鼎新故业。因汲灌之维艰，寻滋泽之地势，遽以杖卓，辄见泉通。既渐导以纤渠，复岐疏而遍供。自尔海众云赴，信资风从。十稔之间，渐成巨刹。无何，菜叶流涧，芋香透畿。荷蒙多罗惠郡王洎居士李德云等，请住朝阳门外南海会寺为开法第一祖焉。事讫，仍返云居。同众甘苦，曾不以世法接人，唯思以祖道自任。得骨获髓者，代不乏人。分灯烈焰者，化满尘宇。示寂后，门人等奉全身于东案山之柏坞，建窣堵而藏之。竟无志铭，实为遗憾。了正祇承先敕，谬参五叶。每乘阴于乔木，顿兴报本之怀。时试茗以清凉，辄感立泉之惠。敬搜行略，寿诸碣阳，仍稽首再拜而为之铭。铭曰：

开拓灵根洞冥神，大经积载日维新。禅座遍踏晤真人，廊彻寰中晓露身。习隐峰峦绝世闻，一朝迹影省王臣。幻纵海会寻龙巾，棒落横穿列祖唇。

乾隆四十三年岁次戊戌夏六月初八日吉旦立　五世法孙了正等仝勒石

碑刻说明

清刻。此碑立水头村东南之东塔院，碑螭首方座，首身一体，白石质。碑首高80厘米，宽100厘米，厚35厘米。碑身高204厘米，宽100厘米，厚35厘米。碑额篆书"临济正宗"，阴额篆书"永垂不朽"。碑文落款尾有两方印章，一方白文"了正之印"，下为朱文"恒朗"。

碑文考释

惠郡王，名博翁果诺。清太宗皇太极孙，其父承泽亲王硕塞为皇太极第五子。硕塞长子博果铎封庄亲王，葬在房山磁家务。博翁果诺为二子，他生于顺治八年（1651）十一月初一，康熙四年（1665）正月封惠郡王。康熙五十一年二月二十日卒，享年六十二岁。博翁果诺墓在丰台区侯家峪村东山岗，俗称二王墓。

溟波古翁，清云居寺重开山第一代住持，传临济正宗第三十三世。碑载溟波超古传记，可与康熙三十九年（1700）《范阳郡白带山云居寺溟波和尚碑记》彼此参照，是研究清代云居寺佛教史的重要碑刻。

溟波，俗姓郭，讳超古，字溟波，河北武清县北仓村人。清云居寺重开山第一代住持，传临济正宗第三十三世。父名文选，幼年曾削发于武清县天仙庙，祖母高氏怕断了郭家香火，让他中道还俗，后来还俗娶王氏，生七子，溟波行五。

据此碑，溟波三岁那年，父亲重病身亡，灵魂到了地府，阎王说："你出家不终，应该减寿十二年。"冥官身边的人说："查看此人簿籍，他有个小儿子宿有净根，可以让他出家，代替父亲赎罪。"阎王答应了。父亲果然起死回生，把由来说给母亲王氏，王氏以为是糊涂浑话，没有答应，没想到父亲又昏死过去，王氏这才答应。于是溟波七岁的时候，舍到父亲出家的那所天仙庙落发，投智庵为师，二十五岁跪诵华严经三年，足不出户。三十七岁的溟波经一位禅宗高僧指点到北京悯忠寺受具足戒。随即投天津如来庵大博禅师。一天，溟波来到大博的方丈，请教大博："什么是本来面目？"大博没有回答，只是举起了拳头。溟波见状说道："除此还有么？"大博挥拳便打。从此溟波疑情顿发，坐卧思之而不得其解。

溟波随大博到杨村报成寺，大博在堂中坐定说道："这屋里有一个病汉，欠出一身白汗！"溟波疑情愈切，忽然间他脱掉一只鞋子似乎有所感悟，他把自己的领悟向大博表白，大博反问他什么是本来面目，溟波回答说："六六三十六！"大博说："说得不对，再说说看！"溟波又答："九九八十一！"大博挥掌打他，说道："这九九八十一，还是六六三十六！"溟波一喝便出，从此当机不让。三年以后，溟波得到大博禅师的印可，终于参禅开悟。四十岁时，溟波入主云居寺，成为云居寺的一代名僧。

云居寺自顺治年间老僧如全稍稍修治之后，到康熙十一年（1672）所谓"颓者益颓，而残者日就剥落"。是年云居寺住持溟波大师开始对云居寺进行全面修复建设，十年之间，云居寺渐成巨刹，山门重光。

溟波是清康熙年间著名高僧，蜚声遐迩，新城县、北京东便门、海会寺、甘露寺等处多请其参禅。王公大臣、皇亲显贵多与之交。康熙三十一年（1692），溟波圆寂于云居寺，门人明广讳通圆于东岸山之柏坞筑塔葬之。乾隆四十三年（1778），五世法孙了正为其刊石立碑。

五世法孙了正，俗姓杜，法名恒朗，号了正，徐州府萧县杜家楼（今安徽省萧山杜楼镇杜楼村）人。乾隆三十三年（1768）二月，继任云居寺住持，为云居寺生开山第五代，传临济正宗第三十七世。有碑记。

碑阴

本寺重开山第一代传临济正宗第三十三世上溟下波古翁太祖和尚

本寺重开山第二代传临济正宗第三十四世通广公太祖和尚

本寺重开山第三代传临济正宗第三十五世了尘公先祖和尚

本寺重开山第三代传临济正宗第三十五世光泰公叔祖和尚

本寺重开山第四代传临济正宗第三十六世万瑜公先师和尚

碑文考释

临济宗：禅宗南宗五个主要流派之一，自洪州宗门下分出，始于临济义玄大师从黄蘖希运禅师学法33年，之后往镇州，即今河北正定滹沱河畔建临济院，广为弘扬希运禅师所倡启"般若为本、以空摄有、空有相融"的禅宗新法。这种禅宗新法因义玄在临济院举一家宗风而大张天下，后世遂称之为"临济宗"，而正定临济寺也因之成为临济宗祖庭。

〇〇九　西域云居寺第四世万安瑜公和尚塔铭

钦命赐紫现住拈花寺贤首宗后学达天通理撰文

赐进士敕授文林郎房山县知县事晋水池凤毛顿首书丹

夫佛法无多子，要在悟与修耳，然兼而有之者诚难。若万安瑜公者，吾犹及见之矣。公世居青鲁，系商河朱氏子也。母沈氏，茹斋奉佛，诞公甚艰，闻佛宇钟声遂娩，合掌端坐。父母异之，曰："此子异像，未必为吾门承禋祀也。"八岁随母礼佛，寒暑无间。十三时父患恶疮，群医束手，请僧就舍看经。公问僧曰："诸供养中何法最胜？"僧曰："然灯。"公即长跪佛前，乞僧为然，母怜而止之，父患亦瘳。既长，膂力过人，词辩服众，乡邻中断诤解纷无弗从者。鱼水情疎，螽斯意淡，菽水承欢，权事耕耘。至于富贵功名，亦超肰有不可束缚之势。洎三十四岁，窃诣德州法雨寺，礼明如玺公和尚祝发，尚于是秋受莲镇十方院请，公请侍巾瓶，当即依之受戒。壬子冬，于京南白岱村首谒云居了祖。己卯春，于畿西潭柘山次觐岫云本公坐夏安居，权依戒坛憨公避冬结制，仍归云居了祖。一日入室次，祖问话头，公云："本来面目。"祖曰："如何是本来面目？"公云："随人起倒。"祖曰："何不自作主宰？"公合掌云："月照长空白，舟行不碍江。"祖印可，乃以源流付之。此瑜公之见地澄明，悟处真实者，为如此及也。自是职受司宾，任兼董造，重修大悲忏室，再新两壁僧寮。拟建龙华三会，祖疾未允，公乃然灯顶心，祈祖住世。祖闻而诫之曰："孝名为戒，尔实践之。第吾报缘止此，勿庸自苦。"祖疾后，众推继席，公曰："有云叔在，自甘以身戮力，率众服劳。"此瑜公之真修实行，无我无人者又如此也。丙寅秋，云公复逝，众议主席，公立辞未寝。十月望，乃据室焉。先是，寺左里许傍山有数泉汇聚，分流上下，常住内外足用。泉上有龙祠甚小，公命改修，启址出青蛇若干，工匠或犯之，神瞋，泉移沟底，径流越寺，需水须用汲灌，公忧且愧，密于源上诵咒，泉仍如故。又值连岁歉收，僧厨断炊，公密祷韦天，然一指于像前。遂感太极厂王府总管高公淳赉金五百，诣山饭僧。此瑜公之悟修兼至，效感神人者事多类如此也。至于种果植园，造桥辟路等，伟功盛业，莫可殚述。公距生于康熙戊寅，示寂于乾隆戊子。事在建卯之月五日午时，沐浴更衣，焚香跌坐而逝。世寿古稀，僧腊三十七夏。嗣法门人了正等，奉全身于东案山之柏坞，建窣堵于溟祖塔侧。具状来京，丐余为铭。余曰："吾与尔师，叨在心契，虽乍往乍来而常亲常近。吾虽不文，犹能道尔师之实。"试即撮其行略并为之铭。铭曰：

京畿之右，房邑之南。峰峦叠翠，琳宇层函。唯云居寺，称古道场。溟祖中振，道播遐荒。裕后光前，运当四叶。预有觉人，潜兴密接。如我瑜公，籍出商河。朱父沈母，久奉佛陀。娩师艰甚，乍闻钟声。合掌而诞，知不俗萦。

虽联配偶，鱼水情疎。为亲事养，权事耕粗。强状之间，逃尘薙染。受具参方，身心束检。两参了翁，漆篦打破。任职精修，始终靡惰。了翁神潜，席应公继。固让云叔，服劳无替。解行兼至，呪感神龙。泉涌旧地，汲灌无庸。连值岁歉，僧厨断炊。默祝韦天，然指沥悲。倏来王使，赍金饭僧。声动一时，千载肇兴。幻躯云殁，真修无侵。敬为兹铭，昭示来今。

乾隆四十三年岁次戊戌秋八月初八日吉旦立

嗣法门人了正等仝勒石

江南刘丕然、王世良仝镌

碑刻说明

清刻。此碑立于水头村东南之东塔院，盘龙碑首，方碑座。碑身高198厘米，宽80厘米，厚28厘米。碑额篆书"临济正宗"，阴额九叠篆书"碑阴题"。碑题"清西域云居寺第四世万安瑜公和尚塔铭"，后钤印一方，朱文"如是降伏其心"，属"钦命赐紫现住拈花寺贤首宗后学达天通理撰文"钤印两方，皆朱文，一为"通理之印"，一为"达天氏"。尾属"嗣法门人了正等仝勒石"，钤印两方，一白文"了正之印"，一朱文"恒朗"。碑载云居寺重开山第四代住持、传临济正宗第三十六世瑜公和尚生平。

碑文考释

拈花寺，在北京西城区大石桥胡同61号。建于明万历九年（1581）。因寺内千佛阁内有明代所铸的铜佛"毗卢世尊莲花宝千佛"，座如莲花，在佛座周围的千朵莲花上有千佛旋绕，故名护国报恩千佛寺。清雍正十二年（1734）重修，改名拈花寺。

康熙戊寅，康熙三十七年（1698）。壬子，清雍正十年（1732）。己卯误，实为乙卯，清雍正十三年（1735）。丙寅，乾隆十一年（1746）。乾隆戊子，乾隆三十三年（1768）。

万安瑜公，俗姓朱，名万安，字际瑜，青鲁商河（山东省济南市商河县）人。母沈氏，康熙三十七年（1698）生，三十四岁，入德州法雨寺出家，礼明如玺公和尚为师。清雍正十年（1732）冬，在房山白岱村第一次谒见云居寺住持了尘。

清雍正十三年（1735）春，到京西潭柘寺觐见岫云本公，在潭柘寺住了一个夏天，由潭柘寺来到戒台寺依憨公避冬。返回云居寺，瑜公仍拜于了尘门下，以"月照长空白，舟行不碍江"得了尘印可，成为了尘的衣钵传人，在云居寺受司宾之职，兼任董造，重修大悲忏室，再新两壁僧寮。乾隆十年（1745）三月二十日，了尘示寂，众推际瑜继席住持，际瑜说："有师叔在，自甘以身戮力，率众服劳。"拥举师叔光泰主持。乾隆十一年（1746）秋，光泰亦示寂，当年十月十五日，继任云居寺住持，为云居寺重开山第四代住持，传临济正宗第三十六世。早在了尘示寂四年前的乾隆六年（1741），云居寺所在的北京地区特大干旱，这场旱灾持续20年，直到乾隆二十五年（1760）。际瑜住持云居寺期间，旱灾正烈，连岁歉收，云居寺僧厨断炊。万般无奈，际瑜点灯一指，在韦陀前祷告。恰逢太极厂王府总管高淳施金五百，来云居寺饭僧，这才解过燃眉之急。际瑜又修龙祠、种果植园、造桥辟路。乾隆三十三年（1768）圆寂于云居本寺。

碑阴

临济传法正宗派曰：

祖道戒定宗，方广证圆通。行超明实际，了达悟真空。

云居恒朗正杜多复续四十字：

橑樥梧槙控，坛椐栖棫蘕。杆株桐桂朴，柏本栴檀榆。椆柔枢机櫼，模楷相格枞。丛棽榑槌橞，乘梵乐桢椟。

嗣法门人恒朗了正、魁彰了禄、瑞云了修、悟沏了惺、宽如了顺、休心了融、圣岩了贵、显玺了璇、慧本了定、珍池了珠、瑞光了英、华然了舒、福山了见、旺山了宏、瑞光了祥、良善了性、大航了明、朴聚了奎、芳林了智、拂机了心、广慈了度、见云了海、量宽了觉、慧云了宽，暨法孙大乘达焕、文质达炜、见安达煜、正本达然、澄印达照、体实达煓、月林达烑、慧如达炼、莘然达炆等同建立。

皈依信女玉门白氏了明、王廷祚了相、赵门赵氏了难、关门关氏了圣、孙门郑氏了性、石门赵氏了心、傅门那氏了通、徐门钱氏了会、侯门金氏了意、金门吴氏悟心、王门福氏了真、杨门八氏悟善。

三宝信女张门杨氏达福、赵门佟氏达善、李门赵氏达净、孙门杨氏悟贵、杨门张氏达道、白门刘氏达崐、刘门贾氏达本、韩门王氏达寿、韩门王氏达礼、关门高氏达慧、鄂门周氏达仁、关门汪氏达祥、白门李氏达玉。

白门黄氏、刘门阎氏、侯门王氏、魏门刘氏、周门杨氏、李门王氏、刘门张氏、王门孙氏、吴门孙氏、刘门汪氏、孙门孙氏、刘门安氏、关门韩氏、温门王氏、李门刘氏、伊门胡氏、祁门田氏、徐门刘氏、杜门赵氏、陈门苏氏、佟门曹氏、曹门卜氏、张门王氏、孙门王氏、赵门蓝氏、针门陈氏。

张永泰、悟诺玺、长春保、赵世彦、王国良、吞冬阿、韩世兴、嘛呢、富兴额。

碑文考释

碑阴上方，载云居寺传临济宗法脉，并恒朗了正所续二十字。下方载瑜公24位门人、12皈依信女、13位三宝信女、35位信众的名字。

○一○　嘉善悫孤檀般记

传临济正宗第三十七代云居沙门了英篆额撰文并书丹

孔夫子云："善人吾不得而见之矣，得见有恒者斯可矣。"又曰："人而无恒，不可以作巫医。"契经云："以身命施为福之最，以七宝施为福之具。"□□□贵□□不贵珍宝。佛法无多子，久长难得人也。兹□金□在施□古人氏故□□□□□氏者，好善乐施，久亲三宝，皈依万老人作俗弟子，法名□明。日□礼佛无间，极□□发识得自性弥陀无□故相作云居会首，领众上山，已历三世，计五千余□□□□□□□□坚如铁石，立志始终如一，则可谓有恒矣。堂头和尚嘉其善而有恒□□□矣。因怜□知其妙子阵亡，尸骨无存，而又缺嗣无后，六亲音杳，只身孤影。其为人也，□□慈而□□□□。其持家也，须勤俭而常戒靡奢。除衣食之需用，所有资财，尽供三宝。余金五百两，乞一坐具之地，建理方坟，为终身之计。置地百亩，为祭塔修补之助。诚恐年深代远，荒芜湮没，爰立碣石，后之住持见其坟，当念其功德。总之，为善最乐，善行可风。故善继其志，善述其事，以志不朽也云尔。

乾隆四十六年岁次辛丑二月谷旦

碑刻说明

清刻。此碑立于云居寺南引杖河西岸，据拓片录文。拓片碑首高35厘米，宽31厘米。碑身高135厘米，宽76厘米。碑额篆书，双勾题"永远流芳"。

碑文考释

碑文载万老人俗家弟子某氏，作云居会首，领众上山已历世，除衣食之需用，所有资财，尽供三宝。其子阵亡，只身孤影。有余财五百两，施给云居寺，求一孔墓穴，为终身之计。置香火地百亩，为云居寺祭塔修助之费。

撰文书碑者了英，名瑞光，号了英，云居寺僧人，传临济正宗第三十七世，清云居寺第四代住持、传临济正宗第三十六世瑜公和尚弟子。

〇一一　西城云居寺传临济正宗第三十七世上恒下朗正公和尚碑铭

赐进士出身候补县正堂本邑人徐梦陈撰

御菜园头系正白旗汉军良邑人陈照书

我房邑古所称幽燕奥室也。岩谷深邃，林木葱蓬，其地多隐君子焉。若贾阆仙之往来金山、木岩，刘梦吉之憩息云峰、玉室，要皆地以人而效其灵，人以地昭其杰。而水秀山明，拖青挂碧，踞白带山之名山，挹西天之胜境者，则以西域云居寺为最。

正公和尚者，徐州府萧县之杜家楼杜氏子也。幼有智慧，早结佛缘。剃度于江南，不为尘累。飞锡于燕北，永阐祖宗。年四十三岁时，补本寺教授之职。善解诸经，深明性戒。至乾隆三十三年二月间，承受师度，为云居之五代祖。开堂聚众，守默传灯。度苦海之慈航，仿佛天花雨采。燃昏衢之巨烛，依稀贝叶成文。若世所云种菩提树广揭谛门，开正觉路参大乘法。拈花一笑，使三千比丘齐心赞诵者，在彼自道其所道，吾不具论。独喜其性娴翰墨，善画工诗，温文尔雅，有士夫彬彬之象。即其揭董思白宝藏遗笔，搨摹勒石，可见其阐扬古迹，非世俗中讲经说法者所可例论矣！斯人也，倪所谓隐君子非耶？师生于雍正二年六月二十八日，享世寿五十八岁，于乾隆四十七年三月示寂。解脱天弢，适彼极乐。斩新日月，特地乾坤。若师者，可谓决一切痴迷膜，到一切功德岸矣。师寂之后，其徒求志于余，余素有游癖，而性不耽释，尝忆幼时有"看山忘拜佛，入寺怕逢僧"之句。独于师喜其墨而儒也。每与之谈元移晷，接方外交。故不辞固陋，为之志而铭之。铭曰：

愍题之东，范水之阳，有云居兮踞高冈。昔我正公，曾此开堂，开堂聚众兮梵踪长。山苍苍兮水泱泱，临流登高兮闻众定香。三尺丰碑兮蔓草荒茫，志遗迹兮俾不忘。

旹大清嘉庆七年岁在元默阉茂塞月谷旦　嗣法门人达焕敬立　王月顺、刘良、高焕章仝镌

碑刻说明

清刻。此碑立于水头村东南之东塔院。盘龙碑首，方碑座，白石质。碑首高100厘米，宽88厘米，厚30厘米。碑身高201厘米，宽86厘米，厚28厘米。碑额篆书"临济正宗"，阴额篆题"万古流芳"。碑载云居寺重开山第五代住持、传临济正宗第三十七相世正公和尚生平。

碑文考释

正公，俗姓杜，法名恒朗，号了正，徐州府萧县杜家楼（今安徽省萧山杜楼镇杜楼村）人。雍正二年（1724）六月二十八日生，自幼出家，在江南剃度，后来到了北方，投云居寺重开山第四代住持际瑜门下为弟子，四十三岁补本寺教授之职。善解诸经，深明性戒。乾隆三十三年（1768）二月，继任云居寺住持，为云居寺重开山第五代，传临济正宗第三十七世。了正，非一般僧人可比，他性娴翰墨，善画工诗，温文尔雅，有士夫彬彬之风。曾将明代书画家董其昌在石经山所题"宝藏"拓摹复制。乾隆四十七年（1782）三月示寂于云居本寺，享世寿五十八岁。

"赐进士出身候补县正堂本邑人徐梦陈撰"，民国十七年（1928）《房山县志

卷·六·人物》:"徐梦陈,号竹崖,邑之北郑村人。博学能文,倡修云峰书院,文教赖以振兴。举乾隆甲寅科乡荐嘉庆辛酉成进士,授四川盐源令,以才堪繁剧迁广元令,卓有政声,卒于官。"

"贾阆仙之往来金山木岩",贾阆仙,又作贾浪仙,名岛,字浪仙,唐范阳(今北京房山区)人。"金山",在房山周口店镇黄院村,有金山寺,寺有金皇统元年(1141)重修碑。"木岩",又名岫山,上有木岩寺,建于北魏天安二年(467)。由此知贾岛曾往来于金山寺和木岩寺,而金山寺唐时已经存在。

"刘梦吉之憩息云峰、玉室",刘梦吉,名刘因,号静修,河北容城人。元朝著名的理学家、诗人。"云峰",云峰寺,在周口店镇云峰寺村南,创建年代不详。"玉室",即玉室洞天,为元代道教洞府,在河北镇檀木港村。由此,刘因元时曾到云峰寺和玉室洞天暂住。那么,云峰寺创建年代不晚于元代早期。

碑阴

嗣法门人大乘达焕、妙音达可、成辉达然、萃峰达泰、瑞恒达泰、胜林达烘、明悟达来、栗珠达嫌、慧如达炼、文质达炜、翠然达炆、体实达煓、登印达照、见安达煜、月林达烑、隆增达灼、法祥达源、广学达汶、延官达润、德远达烩,法侄德言达静、慧安达闻、瑞林达兴,法侄心修达旺、盛福达旺,法孙阔明悟海、景和悟玉、丰田悟博、胜丛悟林、体方悟净、秀光悟琳、仑山悟昆、清云悟凡、迎喜悟祥、玉山悟德、实成悟信、远尘悟性、全志悟成、福渊悟辉、照宽悟宗、福如悟庆、耀天悟霖、意正悟心、盛安悟增、福全悟增、瑞安悟祥、志忠悟仁、一雨悟云、宝和悟福、永和悟宽、志彻悟正、禅宗悟慧、青然悟松、云如悟霞、实修悟岫、广如悟真、德亮悟振、养修悟深、大通悟全、林如悟宽、智远悟蕴、体明悟照、法参悟妙、能悟悟才、德馨悟福,法孙亮宽悟悦,法曾孙辉光真隆全建立。

碑文考释

碑阴载其20位门人、5位法侄、41位法孙、1位曾孙之名号。

〇一二 大乘焕公和尚碑

赐越进士出身资政大夫内阁学士兼礼部侍郎长洲彭希濂撰并书

盖闻华现优昙，法嗣总恃乎十力。经函榆档，薪传代衍矣三宗。历历通五乘之轨，荡荡开八正之门。是以折苇为船，因缘有属。磨砖作镜，功行靡涯。焕公和尚生禀殊姿，性成圆觉。具龙象之大力，阐毗邪之正宗。著籍广平，俗姓赵氏。在厥出生，闻天香于庭院；母子鞠育，婴疢疾于孩提。六龄许愿舍身，九岁剃度入寺。身作沙弥，疾乃遄已。师许为法门大器，切诫以了世无常。存识在心，精思弗懈。于是叩谒云居，戒坛祗受；参禅波上，妙觉圆通。既问答之如流，识瑜伽之真谛。乃如来成道之辰，荷恒公传衣之寄。本来面目，语下了然。不二法门，当前顿悟。遂能拂衣双树，濯足八池。座下苾刍，谨守东林之法派。传来衣钵，勿替龙树之大乘。金粟来仪，昙云永护。固知生生灭灭，法身尠常住之缘。庶其继继承承，传灯得无庶之义。永怀梁木，视此翠珉。

嘉庆十有九年岁次甲戌八月谷旦建 嗣法门人悟辉等同立

碑刻说明

清刻。此碑立于水头村东南之东塔院，现移于寺内。盘龙碑首，龟趺座，青石质。碑首高109厘米，宽90厘米，厚39厘米。碑身高201厘米，宽86厘米，厚33厘米。碑额篆书"临济正宗"，阴额行书"法海源流"。碑载云居寺重开山第六代住持、传临济正宗第三十八世焕公和尚生平。

碑文考释

焕公，俗姓赵，法名达焕，字大乘，广平（河北邯郸广平县）人。六龄许愿舍身，九岁剃度出家。先后叩谒云居云、戒台寺，成为云居寺住持恒朗的法嗣门人。乾隆四十七年（1782）三月恒朗示寂，达焕继承法席，为云居寺重开山第六代住持、传临济正宗第三十八世，嘉庆十五年（1810）示寂于云居本院。

彭希濂，字溯周，号修田，江苏长洲（今江苏苏州）人，清兵部尚书彭启丰之孙。乾隆四十九年（1784）进士。历官主事、郎中、贵州学政、内阁侍读学士、刑部右侍郎等。嘉庆二十四年（1819）春，降调福建按察使，为福建乡试正考官。

碑阴

法弟华峰达泰、妙音达可、法祥达源、成辉达然。

嗣法门人福渊悟辉、盛安悟增、崙山悟崑、广如悟真、意正悟心、永和悟宽、玉山悟德、照宽悟宗、全志悟成、养修悟深、景和悟玉、秀光悟琳、林如悟宽、德亮悟振、迎喜悟祥、禅宗悟慧、远尘悟性、耀天悟霖、体明悟照、清云悟凡、实成悟信、德馨悟福、体方悟净、青然悟松、胜丛悟林、云如悟霞、宝和悟福、一雨悟云、大通悟全、阔明悟海、福全悟增、智远悟蕴、宝修悟岫、法参悟妙、丰田悟博、能悟悟才、志忠悟仁、满月悟照、明然悟珍、亮宽悟悦，法侄实成悟本、法祥悟海、荣和悟禄、慧广悟志、本然悟廉、戒辉悟忍、亮月悟天，法孙聚然真从、定山真海、法舟真义、明文真达、茂林真慧、圣安真魁、明远真兴、泰永真绍、玉辉真参、寿安真福、美一真和、方安真修、多海真洪、永旺真贵、洪山真福、圣隆真全、澄清真寿、多学真荣、义章真乐，法孙辉光真隆，三宝弟子徐悟振、徐悟来、高悟本、洪悟芳、李悟安、刘悟贤、张悟德、白悟均、刘悟然、张悟和、冯悟玉、洪悟平、白悟奎同建立。

碑文考释

碑阴载焕公 4 位法弟、40 位门人、7 位法侄、20 位法孙、13 位三室弟子之法号。

〇一三　传临济正宗涿鹿山西域大云居寺住持第七代临济第三十九世福渊辉公和尚塔铭

钦命管理僧录司印堂拈花寺住持传贤首宗第三十二世体宽通申撰　后学慈海普济书丹

师讳悟辉，字福渊，家山东兖州府汶上县刘氏。襁褓多疾，父母许以为僧，投德音尊宿为剃度师。出家后学经咒、攻子史，若夙习然。年十七，依大乘老人秉具足受戒。后奉侍巾瓶，精严戒律经六载，膺维那之职。理众有法，颖悟超群。遂受临济心法，为三十九世焉。自是为监院，应西寮，开导新学，规范后昆。修持分卫，无不彻法底源。嘉庆十五年，大乘老人示寂，众所推重，遂继云居法席，一住十有五年，苦行卓立，弘法为众。三十年如一日，内外无间，始终匪懈。佛法世谛，事事皆真实不虚。

师生于乾隆己丑八月初五日戌时，终于道光乙酉八月二十八日丑时。世寿五十七，戒腊三十七夏，法腊三十有一。临终正念倏然，面西端坐，念佛称佛名而逝。可谓灵山得记之人，示现比丘中之纲。领为人天师表之首唱，秉愿弘法，代佛接人者也。故为之铭曰：

悟彻心源，辉光祖道。福庇四众，渊澄涌茂。涿泉流远，鹿尘挥毫。西天东震，域臻灵岳。大法弘开，云雨香飘。居然应真，寺园林淘。时当盛世，法运洪浩。地涌泉一，恒沙莫表。垂愿化导，沙界弥遥。性天朗阔，心地圆昭。内秘外现，亘得同朝。惟真法界，竖遍横超。

龙飞道光七年岁次丁亥中秋后有三日　嗣法继席门人真达等同镌石

碑刻说明

清刻。此碑立于水头村东南之东塔院。盘龙碑首，龟趺座，青石质，已失，今据拓本录文。拓片碑首高29厘米，宽26厘米。碑身高182厘米，宽88厘米。碑座高63厘米，宽132厘米。碑额篆书"正法源流"，阴额题"法脉绵长"。碑载辉公云居寺重开山第七代住持、临济第三十九世辉公和尚生平。

碑文考释

乾隆己丑，乾隆三十四年（1769）。道光乙酉，道光五年（1825）。

辉公，俗姓刘，法名悟辉，字福渊。山东兖州府汶上县（今山东省济宁市汶上县）人，乾隆三十四年（1769）八月初五日戌时生。出生后体弱多病，父母许出家为僧，投德音师剃度。出家后学经咒，并读攻子史。十七岁，依云居寺六祖大乘受具足戒，成为大乘身边的侍者，精严戒律经六载，任维那，后任监院。嘉庆十五年（1810），大乘示寂，众推继主云居法席，为云居寺重开山第七代住持、临济第三十九世，前后十五年，苦行卓立，弘法为众。入寺三十年如一日，内外无间，始终匪懈。道光五年（1825）八月二十八日丑示寂于云居本寺，世寿五十七，戒腊三十七夏，法腊三十有一。临终面西端坐，念佛称佛名而逝。

碑阴

宗派源流

祖道戒定宗，放光正圆通。行超明实际，了达悟真空。橑樵梧槙栐，杬椐栖械蘆。杆株桐桂朴，柏本栴檀榆。枫柔枢机檵，模楷相格枞。丛琴槫槌榳，乘梵乐槙榠。

法弟法参悟妙、智远悟蕴、景和悟玉、体明悟照、迎喜悟祥、丰田悟博、满月悟照、广如悟真、亮宽悟悦。

嗣法门人明文真达、聚然真从、定山真海、法舟真义、方安真修、寿安真福、盛安真魁、玉辉真参、泰永真绍、明达真兴、义长真仁、天如真照、当顺真瑞、恒詹真喜、瑞光真惺、辉光真隆、洪山真福、多学真荣、慧喜真达、宽亮真存、碧天真瑞、庆林真祥、弘法真利、性聪真立、慧源真福、济宽真顺、敬轩真礼、慧如真亭、厚安真诚、□□真□、禅观真宗、瑞天真亮、泰祥真安。

法侄义章真乐、澄清真寿、永旺真贵、圣隆真全。

法孙空明、空□。

皈依三宝弟子宗室绵律真明、赵门张氏真善，皈依三宝弟子张步青悟照，三宝弟子许发、孙学发、孔照聚、高国珩、袁洪□、□□□。

同建立。

碑文考释

碑阴上载法派，下载辉公 8 位法弟、33 位门人、4 位法侄、2 位法孙、9 位三宝弟子的法号或姓名。

〇一四　传临济正宗第四十世涿鹿山西域大云居寺住持第八代明文达公和尚塔铭

钦命管理僧录司印堂拈花寺住持传贤首宗第三十三世洞天明心撰　后学慈

海敬书

师讳真达，字明文，直隶河间府景州王家沙窝人。父王香，号云霞。母荆氏。幼时即不染俗缘，栖心佛道，识者知为再来人也。至十三岁，父母顺其本愿，即命于本州圣会寺投荣安大师剃度出家，经文律仪，寓目悟心，非有夙慧，曷克臻此？至年十七，依本山大乘老人受具足戒。受戒后即于得戒长住，学习经典，历充悦众、知藏、维那、副司之职，所经管处科理裕如，及至启发新学，模范后昆，托钵行乞，分卫修持，无不精严增进，彻法底源。至嘉庆二十年，辉公和尚即以临济衣法付之，是为临济第四十世。厥后，历参嘉兴璨翁和尚及万寿正翁老人，皆器重之。及道光五年岁次乙酉八月二十八日，辉翁示寂，龙天拥护，大众推尊，即继云居法席。自是苦行精持，弘法利生，克己以约，待人以宽，昼夜勤劳，始终罔替，佛法世谛，皆秉前规，纯然自他，二利之善知识也。按师生于乾隆五十七年壬子八月二十九日巳时，示寂于道光十二年壬辰二月十八日卯时。世寿四十一岁，戒腊二十五夏，法腊一十八冬。谨为志。

龙飞大清道光十六年岁次丙申孟夏吉日嗣法继席门人空利等同勒石

碑刻说明

清刻。此碑立于水头村东南之东塔院。盘龙碑首，龟趺座，青石质。碑首高110厘米，宽102厘米，厚35厘米。碑身高206厘米，宽93厘米，厚32厘米。碑额篆书"传正法眼"，阴额题"临济遗风"。碑载云居寺重开山第八代住持、传临济正宗第四十世达公和尚生平。

碑文考释

达公，俗姓王，法名真达，字明文，直隶河间府景州王家沙窝（今河北省衡水市景县安陵镇王家沙窝村）人。父王香，号云霞。母荆氏。达公乾隆五十七年（1792）八月二十九日巳时生。十三岁投本州圣会寺荣安大师剃度出家，十七岁依云居寺大乘和尚受具足戒，从此在云居寺长住，学习经典，历任本寺悦众、知藏、维那、副司等职。嘉庆二十年（1815），成为云居寺重开山第七代住持、临济第三十九世达辉和尚的衣钵传人。此后，历参浙江嘉兴璨翁和尚、北京万寿寺正翁老人，深得璨翁和正翁僧器重。道光五年（1825）八月二十八日，辉翁示寂，继云居法席，为云居寺重开山第八代住持、临济第四十世。道光十二年（1832）二月十八日卯时示寂于云居本寺，世寿四十一岁，戒腊二十五夏，法腊一十八冬。

碑阴

法兄盛安真魁，法弟赵门张氏法名真善，法弟义章真乐、澄清真寿、永旺真贵、多学真荣、庆林真祥、弘法真利、聚然真丛、方安真修、寿安真福，法弟泰永真绍、天如真昭、恒詹真喜、慧源真福、济宽真顺、慧如真梦、厚安真诚、瑞□真亮、泰祥真安、碧天真瑞，嗣法门人宁瑞空庆、彻天空普、成普空佑、宽海空深、松林空和、慧峰空智、真实空乐、亮如空平、国祥空宽、广泰空利、贵三空和、化光空坤、祥光空瑞、智林空臻、福真空传、法恺空聚、体先空乐、平文空泰、庆文空镕、秀文空□，法侄觉岸空明、明悟空和，法孙枟德、枟道，曾孙椐枫同建立。

碑文考释

碑阴载达公1位法兄、20位法弟、20位门人、2位法侄、2位法孙、1位曾孙之法号。

〇一五　利公禅师碑铭

赐进士及第太子太保光禄大夫经筵讲官前吏部尚书钱唐许乃普撰文

咸丰辛酉科拔贡候选儒学正堂涿鹿姚玉璋书丹

法师讳空利，号广泰，俗姓马氏，顺天文安人也。擢秀华宗，含灵福地。然性契真如，志皈净业。于是锱铢轩冕，糟粕膏腴，年甫四龄，违亲入道。逮乎垂髫，方蒙落发，依大悲寺德真尊宿习诵三藏，曾不浃旬，便诣幽奥。年十九，依云居福渊上人圆具，历充常住、悦众、知藏，辨析津义，综核指归，宿齿名流，咸所叹异。及受具戒，弥切精修，明文老人授以龙池法藏，延惠风而不倦，应来响之无疲。老人圆寂后，法师继席。说析五乘，宗阐四印。洵乎

贞苦之操绝众轶群，聪亮之姿逾今迈古矣。而犹志求冥寂，智洞人天。复于大悲坛之养心堂习道安居，洗心涤虑。岂非法门之领袖，释氏之栋梁乎？既而成功告退，日契思藏，栖神净区，脱屣梦境。以咸丰九年八月示寂，春秋五十有二，戒腊三十三夏，法腊十九冬。于虖！梵宇歼良，真门丧善，弟子追思靡及，轸慕弥殷，爰刊贞珉，用光幽壤。铭曰：

大哉我师，诞灵杰起。行穷隐括，识洞名理。法镜攸悬，信华弥阐。源流心究，正觉躬践。遽嗟分岸，永泣摧梁。书芬播诵，石与天长。

旹大清同治三年岁次甲子小阳月二十九日　法孙密增等同勒石　石匠续林刻

碑刻说明

清刻。此碑立于水头村东南之东塔院。螭首方座，青石质。碑首高100厘米，宽88厘米，厚30米。碑身高215厘米，宽88厘米，厚30厘米。碑额篆书"光绍遗风"，阴额篆书"正脉绵丝"。碑文载云居寺重开山第九代、传临济正宗第四十一世利公和尚生平。

碑文考释

小阳月，农历十月。中国农历十二个月份均有别称，一月：元月，二月：杏月，三月：桃月，四月：清和月，五月：石榴月，六月：荷月，七月：巧月，八月：桂月，九月：菊月，十月：小阳月，十一月：冬月，十二月：腊月。

利公，俗姓马，法名空利，号广泰。顺天府文安县（今河北省廊坊市文安县）人。四岁出家，依大悲寺德真尊宿习诵三藏。十九岁依云居寺福渊受具足戒，历任本寺常住、悦众、知藏，为明文和尚的衣钵传人。道光十二年（1832）二月十八日，明文示寂，广泰继其法席，为云居寺重开山第九代传临济正宗第四十一世。道光二十四年（1844），利公退老，传法席于门人显慧，咸丰九年（1859）八月示寂于云居本寺，春秋五十有二，戒腊三十三夏，法腊十九冬。

许乃普，字季鸿，一字经崖，别字滇生。浙江钱塘人。乾隆五十二年（1787）五月初四未时生，朝考一等一名，以七品小京官分刑部奉天司行走。嘉庆丙子科顺天乡试第一百一名举人，考补军机章京。清嘉庆二十五年（1820）殿试一甲二名进士，即榜眼。授翰林院编修，充实录馆纂修提调官。嘉庆、道光、咸丰三朝

三迁内阁学士,五度入直南书房,五充经筵讲官。历官贵州、江西学政,兵部、工部、刑部、吏部尚书,实录馆总裁,多次充任殿试、朝考读卷官、阅卷大臣。任内获道光御笔"迎祥"和咸丰御笔"宜尔子孙"匾额。谥文恪,谕称"许乃普学问优长,供职恪慎""屡司文柄"。同治五年(1866)卒,御赐祭葬,谥文恪。

〇一六　慧公禅师碑铭

赐进士第太子太保光禄大夫经筵讲官前吏部尚书钱唐许乃普撰文

咸丰辛酉科拔贡候选儒学正堂涿鹿姚玉璋书丹

禅师法讳显慧,号体耀,姓李氏,山东恩县人。父标,母王氏,昆季三人,师其次也。年十岁,出家于夏津县之甘露寺。洎二十,依云居福渊老人圆具,历参都门拈花体老人座下,因疯僧示警,誓志了明,于是遍游五台、峨嵋、九华、普陀诸菩萨现化之所。居金山久之,因寸香静功未能了彻,复旋京师,筑室于上方之望海庵,面壁数年,膝痕入榻。龙天下试,雷雨振岩,巨石破空,急若奔马。定中冥坐,如罔闻知。非夫道力潜深,乌能岿然不动如是? 年四十一,广老人授以正法眼藏、涅槃妙心,以西堂职继老人席,门徒学侣,鱼贯鳣集。嗣由天津行缘,抵通州之慈明庵示疾。谓诸弟子:佛祖正法,须在得人。汝等当念苦空无偿,生死为重,吾欲行矣。语毕,合十端坐圆寂。时咸丰九年十月十三日也。禅师世寿五十六岁,戒腊三十八夏,法腊十七冬。爰为铭曰:

镇魔以静,师何定耶? 临化无恒,又何达耶? 导师云遥,僧祇大众,其焉取法耶? 噫!

峕大清同治三年岁次甲子小阳月二十九日　继席门人密增等同勒石　石匠续林刻

碑刻说明

清刻。此碑立于水头村东南之东塔院。螭首方座,白石质。碑首高100厘米,宽87厘米,厚30厘米。碑身高218厘米,宽83厘米,厚28厘米。碑额篆书"精化微妙"。赐进士第太子太保光禄大夫经筵讲官前吏部尚书钱唐许乃普撰文,印章两枚一朱文"滇生",一白文"许乃普印"。咸丰辛酉科拔贡候选儒学正堂涿鹿姚玉璋书丹,印章两枚皆朱文,一为"峨斋",一为"□达达"。款下印章两枚,皆朱文,一为"密增之印",一为"雅纯"。碑载云居寺重开山第十代、传临济正宗第四十二世慧公生平。

碑文考释

慧公,俗姓李,法名显慧,号体耀。山东恩县(今山东省德州市平原县)人。父李标,母王氏,兄弟三人,慧公行二,他十岁在夏津县(今山东省德州市夏津县)甘露寺出家,二十岁依云居寺福渊和尚受具足戒,参北京拈花寺体宽老人座下,遍游五台、峨嵋、九华、普陀。在上海金山逗留许久,习练寸香静功未能了悟,于是北返,在云居寺北的上方山望海庵筑室,面壁数年,膝痕入榻。道光二十四年(1844),慧公四十一岁,以西堂职继广泰和尚主云居法席,为云居寺重开山第十代、传临济正宗第四十二世。咸丰九年(1859)到天津化缘,十月十三日路过通州(今北京通州区),在慈明庵示寂,世寿五十六岁,戒腊三十八夏,法腊十七冬。

碑阴

法兄澄空显长、文园显秀、祥音显泰、景初显然、文慧显安、继量显绪、宝证显具、秀明显容、德林显布、脱凡显厚、普修显兴,法弟桁峰显林、明波显旺、玉彰显荣、沛安显然。

嗣法门人雅纯密增、体然密真、瑞林密达、慧安密和、诚敬密保、景和密春、清云密澄、福祥密庆、云亮密龙、镜如密沁、无量密宽、纯亮密修、通辉密朗、万宝密彦、恒远密福、通旺密来、成瑞密祥、瑞峰密山、湛如密澄、守然密安,法孙果照印证、纯桂印亮、道然印悟、心安印岭、法□印□、天然印如、禅瑞印现、通悟印达、寿山印福等同建立。

所有捐资修塔建碑之各州县进香老会功德开例于后:

独流堤三堡会助钱贰百千文、段村会助钱九拾一千文、稻园会助钱七拾八千文、兴集会助钱七拾三千文、王甽会助钱五拾六千文、四门寨会助钱五拾千文、高李屯助钱四拾五千文、涞河村会助钱四拾三千文、容城县南关会助钱叁拾捌千文、白沟南店会助钱叁拾五千文、三台会助钱叁拾五千文、独流镇会助钱叁拾五千文。

容城县沟西会助钱叁拾二千文、新城会助钱叁拾千文、石村会助钱叁拾千文、赵村李氏助钱叁拾千文、任家营会助钱贰拾五千文、任丘东关会助钱式拾三千文、吴家庄会助钱贰拾三千文、大城会助钱贰拾二千文、张村会助钱贰拾壹千文、三番会助钱贰拾二千文、交河西关会助钱贰拾千文、孔家务会助钱贰拾千文、刘家庄会助钱贰拾千文。

南郭丹会助钱贰拾千文、白沟河南中店会助钱拾九千文、塔上村会助钱拾九千文、堤下头会助钱拾八千文、新城县张村会助钱拾七千文、任丘县西关会助钱拾六千文、胜芳镇会助钱拾五千文、大吕村会助钱拾五千文、固庄营会助钱拾三千文、沙河营会助钱拾二千文、史各庄会助钱拾二千文、栗各庄会助钱拾一千文、赵各庄会助钱拾一千文、□家桥会助钱九千文、野桥村会助钱八千文、老鸦村会助钱八千文、段家庄会助钱八千文、涿州南关会助钱八千文、东大务会助钱八千文、田官屯会七千文、陈家屯会助钱七千文、房昭会助钱七千文、北张会助钱四千文、义和庄会助钱叁千文、何家庄会助钱叁千文、里坦会助钱叁千文、南蔡会助钱贰千文。

碑文考释

碑阴载焕公11位法兄、4位法弟、20位门人、9位法孙名号及捐资修塔建碑之各州县进香老会功德，这52村进香老会，主要分布在冀中及河北其他地区的沧州泊头市、孟村回族自治县、青县、任丘市，保定容城县、安新县、雄县、高阳县、唐县、高碑店市、涿州市、徐水县、蠡县，廊坊市文安县、霸州市、大城县，邢台市邢台县，石家庄新乐市等18个县市，具体分布如下：

河北省沧州：

交河西关，在今河北省泊头市交河镇。塔上村，今属河北省沧州市孟村回族自治县牛进庄乡。堤下头，河北省沧州市青县盘古乡。任丘东关、任丘县西关，今属河北沧州任丘市。东大务，今属河北省沧州任丘市议论堡乡。

河北省保定：

王耷，今属河北保省定容城县晾马台镇。容城县南关，今属河北省保定市

容城县。容城县沟西村，今属河北省保定市容城县容城镇。野桥村，今属河北保定容城县南张镇。段家庄，今河北省保定市容城县南张镇段庄村。沙河营，今属河北省保定市容城县南张镇。稻园村，今属河北省保定市唐县军城镇。陈家屯，河北省保定市高阳县庞口镇陈家庄村。

段村，今属河北省保定市安新县端村镇端村。四门寨，今属河北省保定市安新县端村镇马家寨村。涞河村，今属河北省保定市雄县朱各庄乡。

张村，今属河北省保定市高碑店市东马营乡。栗各庄，今属河北省保定市高碑店市和平街道。白沟南店，今属河北省高碑店市白沟镇。

义和庄、南蔡，今属河北涿州市义和庄乡。田官屯，今属河北涿州市高官庄乡旧田官屯村。

固庄营，今河北省保定徐水县安肃镇有北孤庄营村、中孤庄营村、南孤庄营村。

郭丹，今属河北省保定市蠡县北郭丹镇。

河北省廊坊：

胜芳镇，今属河北省霸州市胜芳镇。孔家务，今属河北省廊坊市文安县新镇镇。里坦，今属河北省廊坊市大城县里坦镇。高李屯，今河北省廊坊市大城县臧屯乡高李庄。

河北省邢台：

大吕村，今属河北省邢台市邢台县祝村镇。

河北省石家庄：

何家庄，今属河北省石家庄市新乐市长寿街道。

此外，还有来自今属山西省太谷县北洸乡的三台村，今属山东省东营市河口区新户乡的老鸦村。

京津地区的，有天津静海区，北京房山区和大兴区。

独流镇，今属天津市静海区独流镇。北张、石村，今属北京房山区琉璃河镇。任家营，今北京房山区琉璃河镇任营村。史各庄，北京市房山区张坊镇。赵各庄，北京市房山区韩村河镇。赵村，今属北京市大兴区庞各庄镇。

兴集、房昭等村所属不详。

由此看出，清末云居寺佛教信徒，覆盖冀中广大地区，间及天津市、山东、山西部分地区，是京津冀地区的重要寺院。

○一七　旱劫凿井记

　　古云泉眼不通砂碍，道眼不通眼碍，乃二谛。圆敝自别西域方诸取水东土，凿石通泉，是随方造物相同。若夫五行运转，二气相乘，火降水升，数理有在，盈虚之机实难测度者也。我寺水源，本乎乾天，清芳映带，碧色澄鲜。绕香积而利资清侣，还殿阁以灌溉蔬园。终汇于河，而超出乎选地。自咸丰丁巳，势渐减起。至十一年，水源枯竭。南北园圃，悉改农田。寺内饮濯，倚赖长河。嗣因河水继减，同治二年，北园凿井一眼，深可二丈，口横八尺，蔬菜稍恃，五年，河水亦为枯尽，凿井之举不容再缓。先敦风鉴，采地两处，均凿三丈余深，形显未透。躬行勘行河底，凿井一眼，深一丈，得水平口，冀可敷用。讵六年，此水又减，井底仅存尺余。又续凿深一丈，连前深共二丈，口面纵横一丈，视此水势稍为宽怀。幸尔是年秋雨连绵，两岸山泉毕沸，来年夏亦如之。加以时雨迭霈，禾稼茂蕃。窃忆从此可冀天时运转，地脉疏通，我寺老泉无难复旧。惟有仰祈诸圣垂慈眷念，锡我繁泉，是所祷切。然此山壑谷深邃，巨浪洪涛，间岁不无。是以将口掩却，期于永久，昭示来兹。嗟呼，际此水枯长劫，数年之中，山中林木回干者三分之二。此心实深恐怯，愿诸当来朝乾夕惕，勿失敬畏，是所望焉。恐后无征，勒石存志，以俟来者鉴诸。

　　按此碣东至河底五十一步石井一坐，西至菜园九步石井一坐。住持印照
大清光绪二年岁次丙子五月上浣　谷旦　石凿续林

碑刻说明

清刻。此碑立于水头村。方首圆角。碑身高93厘米，宽58厘米，厚15.5厘米。碑首高30厘米，宽61厘米，厚15.5厘米。碑额正书"万古垂迹"。

碑文考释

咸丰丁巳，咸丰七年（1857）。

此碑记载，清末的一场干旱，自咸丰七年（1857）一直持续到同治六年（1867）夏，同治六（1867）年秋，山雨连绵，两岸山泉毕沸，这场长达10年之久的旱灾才算结束。

云居寺在白带山东麓，诸泉自山麓涌出，顺势下，清芳映带，碧色澄鲜，环寺绕殿，下注杖引河。寺僧就寺取水，乃饮乃食，南园北圃，资以灌溉，十分便利。

自咸丰七年（1857），泉水渐减。咸丰十一年（1861），泉水完全枯竭，寺南寺北的菜园，不得已以为农田，僧寺日常饮食，不是不到寺前的河里取水。眼见河水越来越少，同治二年（1863），寺僧在北菜园凿井一眼，深可二丈，口横八尺。同治五年（1866），河水枯竭，旱情愈加严重，凿井取水刻不容缓，寺僧选地两处，凿三丈余深也不见水，只得到河床凿井，深一丈，得水平口。同治六年（1867），井水又减，寺僧续凿一丈，前后二丈深，水势稍缓，僧寺赖以维持生计。好在当年秋天，雨水连绵，杖引河两岸众泉奔涌，持续10年的旱灾结束。寺僧将河床井口封掩，以备旱时再用。这场旷日持久的旱灾，致使云居寺环山林木枯死三分之二。光绪二年（1876）五月，云居寺住持印照，立碑记载僧寺凿井抗旱之经过，并于碑末记下井的位置。

其间，云居寺经历两任住持：第一任慧公，俗姓李法名显慧，号体耀，云居寺重开山第十代、传临济正宗第四十二世。其住持云居寺在道光二十四年（1844）至咸丰九年（1859）。

在他任住持期间的咸丰七年（1857）旱灾开始，咸丰九年（1859）显慧示寂于通州。

第二任增公，俗姓郭，法名密增，字雅纯，云居寺重开山第十一代住持、传临济正宗第四十三世。其住持云居寺在咸丰九年（1859）至同治四年（1865）。增公住持其间，是云居寺旱情最严重时期。同治二年（1863），北园凿井一眼，便是由增公主持。同治四年（1865），增公示寂。云居寺重开山第十二代住持、传临济正宗第四十四世，于同治十年（1871）继席。其间五年为云居寺住持空缺期，主持寺务者当是增公同辈僧人，增公碑文属"法弟镜如拜述"，主寺者或为此人。同辈僧人尚有增公法兄纯亮密修、无量密宽，法弟诚敬密保、遍辉密朗四人。

同治五年（1866），河水枯竭，旱情愈加严重，凿井取水刻不容缓，寺僧选地两处，凿三丈余深也不见水，只得到河床凿井，深一丈，得水平口。增公在一年前示寂，协力同劳的必是镜如密弘、纯亮密修、无量密宽、诚敬密保、遍辉密朗等。

〇一八　增公和尚行略

师讳密增，字雅纯，山东兖州府宁阳人。俗姓郭，父凤典，母张氏，弟兄二人，师居长。生而神异，长而颖敏。髫龀嬉戏，即知尊崇经典，念佛放生，且纯孝之性于天然。十岁时母病笃，师于佛前虔祝，誓愿长斋。越日，母病痊，师益感佛慈，并念人生如梦幻泡影，老病死生，无复能代，遂发出世之念。从此饮食寤寐，注意佛门。年十四禀辞父母，二老弗许，师忽病危，父母爱子心切，遂送师于本府城内宝像寺，礼月融尊宿落发。嗣意形虽异俗，心不达法，于众何异？十九岁诣西域云居寺学沙弥行。道光癸卯冬月，依广泰老人圆具，随堂参学，经律论藏一览无遗，性相二宗各得其要。历充宾寮、悦众、侍者、知藏、维那，每一授受，精勤靡已，当时禅林耆德莫不嘉赏。一日体老人问曰："古德云，人人有个生缘处，如何是汝的生缘处？"师曰："鸢弄寒潭月，鱼戏水中天。"老人曰："此乃死去，不能活，如何作得主？夫学道人，最初一著，若菱花朴碎，方有少分相应处。"师从此蓄疑愈甚，求解愈急。一日，老人忽厉声呼师名，师即应诺。老人曰："我呼的不是汝，那个是汝？"师闻之，手足罔措，汗流浃背，忽觉疑团顿释，遂说偈曰："惊雷击破性中天，粉碎虚空悟幻缘。世人问我西来意，报到云居镬头禅。"老人莞尔许之。咸丰乙卯冬，蒙体老人授以龙池正法，涅槃妙心。己未冬，体老人迁化。是时也，龙天拥护，大众推尊，即继席焉。自是尊德乐道，崇实黜华。以生利为本业，以衍法为正宗。诲后学以良规，植善根于无倦。精心妙果，迥迈时流。若乃金言道在，尘刹法存。真所谓象王去而象子随，一灯灭而一灯续者矣。嗣身染微疾，于同治乙丑正月十八日唤诸门人，集诸大众，告以身世无常，各宜精进勤修，期归安养。嘱毕，端坐合掌而逝。法弟镜如拜述。

赐进士出身经筵讲官户部尚书国史馆总裁军机大臣正白旗汉军都统吉林景廉书

大清光绪八年岁在壬午三月谷旦　嗣法门人印照等同勒石　石匠续林刻

碑刻说明

清刻。此碑立于水头村的云居寺东塔院。螭首方座，白石质。碑身高222厘米，宽89厘米，厚20厘米。碑首高100厘米，宽88厘米，厚30厘米。碑额篆书"临济正宗"，阴额篆书"万古流芳"。碑载云居寺重开山第十一代住持、传临济正宗第四十三世增公生平。

碑文考释

道光癸卯，道光二十三年（1843）。咸丰乙卯，咸丰五年（1855）。己未，咸丰九年（1859）。同治乙丑，同治四年（1865）。

增公，俗姓郭，法名密增，字雅纯，山东兖州府宁阳（今山东泰安市宁阳县）人。父郭凤典，母张氏，弟兄二人，增公居长。十岁时母亲张氏病生，增公在佛前虔心祷告，发誓宁愿守长斋，向佛祈求保佑母亲痊愈。第二天，张氏果真病愈，增公感念佛慈，发出世之念。十四岁，辞亲投本府城内宝像寺，礼月融尊宿落发。十九岁，到云居寺学沙弥行。道光二十三年（1843）冬，依广泰和尚受具足戒。随堂参学，经律论藏，一览无遗，性相二宗，各得其要。历任宾寮、悦众、侍者、知藏、维那，精勤不已，禅林耆德莫不嘉赏。以"惊雷击破性中天，粉碎虚空悟幻缘。世人问我西来意，报到云居镬头禅"获体耀和尚印可，咸丰五年（1855）冬，成为体耀和尚的衣钵传人。咸丰九年（1859）冬，体耀老人迁化于通州（今北京通州区）慈明庵，增公继其法席，为云居寺重开山第十一代住持、传临济正宗第四十三世。同治四年（1865）正月十八日示寂于云居本寺。

景廉，颜札氏，字秋坪，满洲正黄旗人，清朝大臣。道光四年（1824）生，咸丰二年（1852）进士，由编修五迁至内阁学士。典福建乡试，擢工部侍郎，赐奠朝鲜。八年，授伊犁参赞大臣。同治十三年（1874），授钦差大臣，督办新疆军务。光绪二年，命入军机，兼总理各国大臣。授工部尚书，调户部，补内阁学士，再迁兵部尚书。光绪十一年（1885），卒于官。子治麟，国子监司业，见《孝友传》。

碑阴

法兄纯亮密修、无量密宽，法弟诚敬密保、遍辉密朗，嗣法门人慈霞印照、瑞如印泰、瑞修印祥、禅瑞印现、心安印岭、天然印如、通悟印达、道然印悟、寿山印福、纯桂印亮、果照印证、心海印庆，法孙广来大绪、智参大来、善丛大法、䇮瑞大伦、洞安大纯、寿山大桂、宝安大平、慧珠大证、瑞慈大福、香林大顺、体修大湘、静天大俊、保泰大成、月如大旺、起修大兴、普和大然、凤起大峻、慧心大德、葆善大元、印亮大芳等同立。

碑文考释

碑阴载有立碑僧人法号，即法兄纯亮密修、无量密宽，法弟诚敬密保、遍辉密朗，慈霞印照、瑞如印泰等 12 位法嗣门人，广来大绪、智参大来等 20 位法孙。

〇一九　传临济正宗第四十四世云居堂上第十二代慈霞照公老和尚塔铭

二等嘉禾章三等文虎章四等宝光嘉禾章大总统府秘书陆树仁撰文

五等嘉禾章司法部主事凌川黎全林书丹

盖闻断疑生信，得佛果而证菩提。绝相超宗，破迷途而悟妙道。澄寸心于止水，等世界于微尘。我师祖讳印照，字慈霞，俗姓王，山东济南府德州北厂人也。生而岐嶷，像貌奇古。两手逾膝，迥异凡夫。双目通神，已具慧业。唯是襁褓多疾，父母许入释门，投观音寺修真为剃度师。出家后持唪经咒，兼功子史。禅参三乘，若有前知。学贯百家，浑如夙习。年十八依雅纯老人受具足戒，奉侍巾瓶，善根增长，精严戒律，内行潜修，数载获膺维那之职。开玄关于一念，理澈真如。照圆镜于十方，信乎法侣。雅纯老人复授以龙池法藏，自是为西寮，开导新学矩范。神明不爽，若对鹫山。真秘可探，得窥龙藏。同治十年众所推重，继云居法席，一住二十三年，妙法资弘济之功，既坚苦而卓立。世谛广诸佛之德，复真实而不虚。师祖降生于道光乙巳二月初九日巳时，示寂于光绪癸巳三月初九日午时。世寿四十九，戒腊三十二夏，法腊二十八冬。临终正念面西，宣佛名而逝。示现比丘中之纲领，为人天师表之尊。传宣菩萨道而行修，消百千万亿之刦。受持得记，代佛普渡众生。清净无为，与佛同登乐土。兴嗟梁木，景仰师程。无无明尽，宏愿已成。颂日月而缅中天，灵光永驻。泐金石而维真范，圣迹常昭。不磷不缁，万年用宝。

中华民国十三年岁次甲子九月吉日　法孔乘和等同勒石　石匠继俊声、王凤林刻

碑刻说明

清刻。此碑立于水头村东塔院。碑首高80厘米，宽86厘米，厚30厘米。碑身高230厘米，宽86厘米，厚30厘米。碑额双勾题"临济遗风"，阴额双勾题"正法源流"。碑阳尾有方印章两枚，一枚朱文"乘和"，其下白文"乐禅"。碑载云居寺重开山第十二代住持、传临济正宗第四十四世照公和尚生平。

碑文考释

道光乙巳，道光二十五年（1845）。光绪癸巳，光绪十九年（1893）。

照公，法名印照，俗姓王，字慈霞，山东济南府德州北厂（今山东省德州市德城区长庄乡北厂村）人。道光二十五年（1845）二月初九日巳时出生，后体弱多病，父母许愿舍到庙里为僧，自幼投观音寺剃度，出家后持唪经咒，兼攻子史。十八岁依云居寺雅纯和尚受具足戒，奉侍在雅纯身边，几年后任本寺维那，成为雅纯和尚的衣钵传人，为本寺西寮。雅纯和尚于同治四年（1865）正月示寂于云居本寺，同治十年（1871）众推照公继云居法席，为云居寺重开山第十二代住持、传临济正宗第四十四世。一住二十三年，光绪十九年（1893）三月初九日午时示寂于云居本寺。世寿四十九，戒腊三十二夏，法腊二十八冬。

住持示寂，嗣法门人五年后继席，这在云居寺是少有的，其间隐情不得而知，或是遭到师伯、师叔辈的阻挠也未可知。

"大总统府秘书"：民国元年（1912）1月1日中华民国正式建立，首任临

时大总统为孙文。2月15日，南京参议院选出袁世凯为第二届临时大总统，袁世凯于3月10日在北京宣誓就职。民国二年（1913）10月10日，中华民国选举出第一任正式大总统，袁世凯当选为中华民国第一任大总统，民国五年（1916）6月6日袁世凯猝逝，黎元洪、冯国璋、徐世昌、周自齐（摄行）、黎元洪、高凌霨（摄行）、曹锟依次继任。

曹锟任期为民国十二年（1923）10月10日至民国十三年（1924）11月2日。陆树仁任大总统秘书，时在曹锟任内。

陆树仁，清末民国著名学者、碑帖收藏大家，所著文章多篇流传于世，为我国的碑帖收藏和整理做出重要贡献。

"二等嘉禾章三等文虎章四等宝光嘉禾章"：北洋政府于民国元年（1912）12月6日颁发《陆海军叙勋条例》和《陆海军奖章令》，民国三年（1914）1月14日颁发《陆海军勋章令》，到民国五年（1916）又做过几次修正和补充，根据这些法令先后设置了"大勋章""大绶宝光嘉禾章""嘉禾勋章""白鹰勋章""文虎勋章""勋表"和"陆海军奖章"，以及"功绩""学术"等奖章。

嘉禾勋章，设于1912年7月，共九等（后有变动），授予那些有勋劳于国家或有功绩于学问、事业的人，授予等级按授予对象的功勋大小及职位高低酌定。

文虎勋章，设于1912年12月，共分九等，分别授予陆海军中有战功或劳绩者。其中，一二等授予上等官佐，三至六等授予中等和初等官佐，七等以下授予士兵。

宝光嘉禾章，即大绶宝光嘉禾章，分为五等，一等大绶，二等大绶、无绶两种，三等领绶，四、五等襟绶。一等中嵌珊瑚圆珠，二至五等均中嵌宝石，加绘嘉禾。由大总统授予对国家有特殊功勋者。

碑阴

法嗣门人保泰大登、笑凡大明、静天大俊、慧珠大证、瑞慈大福、体修大湘、智参大来、香林大顺、普和大然、宝安大平、寿山大桂、洞安大纯、铨瑞大伦、善丛大法、建安大航、月如大旺、海明大环、慧心大德、凤起大峻、起修大兴、葆善大元、印亭大芳、心普大宝、瑞泉大祯，法孙悟真乘顺、妙果乘愿、福林乘祺、善慈乘钰、印修乘缘、悦宽乘文、乐禅乘和、瑞林乘振、常远乘义、纯山乘荣、智海乘慧、庆法乘福、荫慈乘林、海月乘欲同建立。

所有捐资修塔建碑之功德人开列于左：三宝弟子王道隆助银叁百两正、李墨林助银贰百两正、刘宝德助银壹百两正、天津善信人助银伍百、固安县会助钱三百吊正、独流三会助钱三百吊正、胜芳会助钱一百二拾吊、雄县会助钱三拾伍吊正、白沟河三会助钱壹百吊、容城县会助钱叁拾吊正、宫井营会助钱伍拾吊正、段村会助钱伍拾吊正、蠡县会助钱壹百吊正、涿县会助钱二拾吊正、稻园会助钱二十拾伍吊正、林家庄会助钱二拾吊正、北宋村会助钱二拾吊正。

碑刻说明

碑阴载照公 24 位门人、14 位法孙之法号，下为捐资修塔建碑之功德人。

碑文考释

独流，今属天津静海区。胜芳，今属河北省廊坊霸州市。白沟河，今属河北省保定高碑店市白沟河镇。宫井营村，今属河北省保定市高碑店市张六庄乡。段村，今安新县端村镇端村。林家庄，今属河北省沧州泊头市郝村镇。北宋村，今属山东省泰安市岱岳区良庄镇。稻园村，今属河北省保定市唐县军城镇。

○二○　云居堂上第十三代保泰澄公老和尚塔铭

二等嘉禾章三等文虎章四等宝光嘉禾章大总统府秘书陆树仁撰文

五等嘉禾章荐任职喜塔拉氏成增书丹

法师讳大澄，号保泰，俗姓李，山东泰安府东阿县黄家屯人也。父印，日成。母氏张。诞弥厥月，惊骨相之清奇。年甫成童，绝世缘之纷扰，违亲入道。方届九龄，理佛参禅，已空五蕴，爰投平阴县大留邨天齐庙，礼先桂为剃度师。髫龀聪秀，晬经咒则超群。究竟涅槃，悟菩提之妙谛。岁二十四依雅纯老人受具足戒。根尘净息，持戒律而养天君。窒碍扫除，空结习观自在。绵历数载，不堕操修。清光绪十二年三十有九，得慈霞上人传授心印之法。不生不灭，无体无方。自是膺监院之职。包涵万象，容众之量弥宏。普渡十方，爱众之心倍笃。

精勤服役，不敢告劳。苦集金消，坚求寂灭。如是者数载，又兼西寮，开导新学规范。十六年继云居法席，星移物换，倏经念五春秋。月朗云澄，照澈大千世界。卓然自立，弘佛法以救迷途。般若行深，握玄机而登彼岸。

师隆生于道光戊申乙卯月乙丑日丙戌时，示寂于民国甲寅正月十六日午时。世寿六十七，戒腊四十四夏，法腊二十九冬，解脱时宣佛号而逝。兴嗟梁木，缅先觉而念师程。不二法门，掖后进而传衣钵。永垂净业，视此贞珉。铭曰：

大哉法师，发行惟勤。慧通玄妙，思弘胜因。感达天人，广修福德。玉粹金辉，风清月白。超登净域，独得上乘。不有禅伯，孰明正宗？

中华民国十三年岁次甲子九月吉日　嗣法继度门人乘和等同镌石

碑刻说明

民国刻。此碑立于水头村的云居寺东塔院。碑身高207厘米，宽80厘米，厚220厘米。碑首高100厘米，宽82厘米，厚24厘米。碑阳额双勾题"临济正宗"，阴双勾题"法脉绵长"。碑阳尾有方印章两枚，一枚朱文"乘和"，其下白文"乐禅"。碑文载云居寺重开山第十三代住持、传临济正宗第四十五世澄公生平。此僧是由清代云居寺末代住持，也是民国第一代住持，住持期间属于由清入民国的过渡时期的住持，因此是云居寺史上的关键人物之一。

碑文考释

道光戊申，即道光二十八（1848）。

澄公，法名大登，俗姓李，号保泰。山东泰安府东阿县黄家屯（今山东省聊城市东阿县山黄屯乡）人。道光二十八（1848）生，父李印，字日成，母氏张。九岁投平阴县大留村（今山东省泰安市肥城市石横镇大留村）天齐庙，礼先桂为剃度师。后依云居寺雅纯老人受具足。清光绪十二年（1886）三十九岁，得慈霞上人传授心印之法。自此任监院，又兼西寮。光绪十六年继云居法席，为云居寺重开山第十三代住持、传临济正宗第四十五世。民国三年（1914）正月十六日午时示寂于云居本寺。世寿六十七，戒腊四十四夏，法腊二十九冬。

喜他拉氏，满族姓氏之一。也可翻译为奇塔尔或喜塔腊氏。始祖达祖昂武都里巴颜德于明世中叶，迁于长白山喜他拉地方，践土而居，因以为氏。

碑阴

法兄香林大顺，法弟智参大来、普和大然，嗣法门人乐禅乘和、悟真乘顺、妙果乘愿、福林乘祺、善慈乘钰、印修乘缘、悦宽乘文、瑞林乘振、常远乘义、纯山乘荣、智海乘慧、庆法乘福、荫慈乘林、海月乘欲等同建立。

所有捐资修塔建碑之功德人开列于后：

三宝弟子合会人等魏全修助洋伍百六十元、张清修助洋三百五十元、天津善信人助洋伍百元、固安县会助洋贰百元、独流三会助洋壹百伍元、胜芳会助洋五十五元、雄县会助洋三十二元、白沟河三会助洋壹百元、蠡县会助洋壹百五十元、宫井营会助洋伍十五元、段村会助洋四十元、容城县会会助洋三十元、涿县会助洋二十元、稻园会助洋二十元、林庄会助洋二十元、北宋村会助洋二十元正。

贾玉祥、王永立同刻。

碑刻说明

碑阴载达真1位法兄、2位法弟、14位门人之法号，下为捐资修塔建碑之功德人。

碑文考释

独流，今属天津市静海区。胜芳，今属河北省廊坊霸州市。白沟河，今属河北省保定高碑店市白沟河镇。宫井营村，河北省保定市高碑店市张六庄乡。段村，今保定市安新县端村镇端村。林庄，今属河北省沧州泊头市郝村镇。北宋村，今属山东省泰安市岱岳区良庄镇。稻园村，今属河北省保定市唐县军城镇。

〇二一　喜寿墓碑

盖闻三宝堂前作福为先，功德林中布施第一。兹有河北省沧县凤凰店钱氏七姑，女丈夫也。幼而颖悟，家庭服务，辛苦不□，晨昏焚香，孝敬父母，每日如恒。闻佛声而生欣喜心，常僧道托钵乞食其门，康悦布施，无不满人心愿。

年长父母择配，抗言拒绝，抱持独身主意。父母权发心投本村观音庵，住持焚修，代众诵佛。但念无常迅速，感化群迷，多种来生之福。似麦收秋收后步履各县，募化十方，勤劳不避寒暑，集资多少，待来春将银送至山上，供佛斋僧，可谓信愿行志，诚心不移也。信女善根淳厚，佛地缘深，发心皈依上保下泰老和尚为三宝弟子，秉受三皈五戒，赐名喜寿。常行坚持，戒定虔诚。供养三宝，功德无量。一日请求山地一穴，待己限尽，容寄身于此。常闻经声佛号，得生净土乎，生之愿足矣。保公老和当庭允。不泯信心，人之功德也！晚年力衰，艰难步履，归宿香树庵静养，专持净土法门，无分人我相。住世六十三载，持戒内外弗懈，始终如一。宣统元年四月十八日午时，临终正念端坐，念佛而逝。化身秉愿，东投普渡，有精功行，圆满解脱，而返莲花邦也。

中华民国癸酉仲春吉日　遗徒德静、真善　徒孙精义　曾孙诚真等　同勒石

碑刻说明

民国刻。碑原立水头村香树庵，现移至云居寺。拓片通高185厘米，宽60厘米。碑额双勾题"永垂不朽"。原碑无题，题为添加。碑文记载喜寿生平。

碑文考释

"癸酉"为民国二十二年（1933）。

喜寿，俗名钱七姑，河北省沧县凤凰店（今河北省沧州市沧县风化店乡风化店村）人。父母择配，七姑抗言拒绝，守志独身，投本村观音庵，住持焚修。每年麦收秋收，募化十方，来春将银两送至云居寺供佛斋僧。发心皈依保泰和尚为三宝弟子，秉受三皈五戒，赐名喜寿。请求山地一穴，为日后埋骨之地，保泰当即应允。晚年力衰，艰难步履，归宿香树庵静养。宣统元年四月十八日午时辞世，世寿六十三岁。

下庄村

下庄村介于磨碑寺和石经山之间，1400多年前的唐代，下庄一带是刊刻运储石经的往来通道。贞观五年（631）静琬创建云居寺，不久在下庄村所在创建中域寺。此地西望云居寺，北依石经山，东北领东峪寺，见证了云居寺1400年的兴衰。

下庄村得名于香树庵的下庄庙产。明万历二十年（1592），达观可禅师为香树庵置下庄一所，计地500亩。清初被住僧石璧盗卖，下庄地名保留至今。下庄村成村较晚，应在清初石璧盗卖下庄，下庄易手为俗产之后。清康熙四十九年（1710）秋天，宫廷画家唐岱游历房山，下庄村已经存在。康熙五十年（1711）创作的《香树林》真实描绘了下庄村全貌。当时村庄不大，只有十几户人家。房山地区的碑刻出现"下庄村"，是清乾隆七年（1742）《京都顺天府房山县石窝镇重修火神庙题名碑记》："下庄善人：崔邦□"。

本卷收录该村碑刻2件：明代2件，其中收录碑文2篇。

〇二二　内官监倪太监寿藏记

正统五年庚申三月朔旦，庆寿寺监临斋事中贵阮公蓝诣南宫，以内官监太监倪公忠历职事由见示，征予为寿藏记。

按倪公乃贵州平越都匀长官司阳坊人。自洪武十八年乙丑，其地失宁时，公甫四岁遂离乡井，二十五年壬申进入内庭祗事太祖高皇帝。年虽幼稚，识见超群。永乐元年癸未受知太宗文皇帝，命监造灵谷寺，丁亥告成。七年己丑，命往天寿山督工，甲午工完。十四年丙申，上目其动作周旋，咸合礼度，提督工程，廉介有为，堪备任使，遂擢内官监奉御。受职以来，夙夜小心，恪恭勤慎。十五年丁酉，奉命往南京，丈量殿宇，相度规制，尽图回京，悉称上意。十八年庚子，升本监左监丞，益加公谨。宣德元年丙午春正月，宣宗皇帝重其熟于营缮，调度有方，升右少监。秋八月升太监。公莅事之际，刚明果断，严而不苛。

正统元年丙辰，今上皇帝命公于独树石厂督采天寿山碑、象、驼马等石，戊午工完。四年己未，特命总督修整京仓，所至事集人安，绰有余裕，官军夫匠，咸服其能。恒每自念，年几六十，虽百岁为期，亦当豫为之计。今已卜其宅兆于吉壤欤，欲乞一言以志之，固请至再，义不容辞。嗟夫！倪公可谓知命之君子矣。盖其历事五朝，惕厉公勤，始终如一节，故能屡承天宠，名位荐臻，福禄骈集，岂无所自致哉。今复达生安命，自营寿藏，其必能生享寿考于期颐，没安茔域，历百千岁之久，以至于无穷也。故并录其履历为寿藏记。殁于辛酉十一月十一日，葬于顺天府涿州房山县独树里小西天山下。资德大夫正治上卿礼部尚书毗陵胡濙记。

碑刻说明

明刻。此石出土地石经山下的下庄村倪忠墓，现存于云居寺文物库房。长51厘米，宽51厘米，厚8厘米。因为是明代最早记载大石窝镇大工开采汉白玉的石刻，故十分珍贵。

碑文考释

倪忠过世的前一年，即正统五年（1440），其本人就在云居寺小西天下营建寿藏，即墓穴。并在当年三月初一，委托庆寿寺监临斋事阮蓝到南宫，请礼部尚书胡濙为寿藏作记。记文早成。正统六年（1441）十一月十一日，倪忠过世，胡濙续上殁期和葬所，完成《内官监倪太监寿藏记》，随倪忠下葬到墓穴之内，直到今世出土面世。

丁亥，永乐五年（1407）。甲午，永乐十二年（1414）。戊午，正统三年（1438）。辛酉，正统六年（1441）。

倪忠，贵州平越都匀长官司阳坊（今贵州黔南布依族苗族自治州都匀市）人，出生于明洪武十五年（1382）八月初八日丑时。洪武十八年（1385），贵州苗民叛乱，明朝派兵平叛，年仅四岁的倪忠，背井离乡，随着撤走的明军，被掳到南京。洪武二十五年（1392），倪忠十一岁，净身进入内廷，成了明太祖身边的一个小太监。永乐元年（1403），成祖朱棣命他监造南京灵谷寺，永乐五年（1407）告成。

永乐七年（1409），成祖朱棣选天寿山营建长陵，倪忠奉命前往天寿山督工，永乐十二年（1414）完工。永乐十四年（1416），成祖见倪忠"动作周旋，咸合礼度，提督工程，廉介有为，堪备任使"，提拔他为内官监奉御。永乐十五年（1417），奉命前往南京，丈量殿宇，考查宫殿规制，带回南京宫殿全图回京复命，成祖非常满意。十八年（1420），升内官监左监丞。

宣德元年（1426）正月，宣宗皇帝念其熟于营缮，调度有方，升其为右少监。当年八月升太监。

正统元年（1436），英宗命倪忠到独树石厂督采天寿山碑、象、驼、马等石，正统三年（1438）完工。正统四年（1439），特命总督修整京仓。正统六年（1441）十一月十一日寿终，葬于顺天府涿州房山县独树里小西天山下，享年60岁。

  胡濙，字源洁，号洁庵，武进（今江苏武进）人，明朝重臣、文学家、医学家。生于明洪武八年（1375），建文二年（1400）进士，历授兵科、户科都给事中。曾奉明成祖朱棣之命前往各地追寻建文帝朱允炆下落。胡濙历仕六朝，前后近六十年，他为人节俭宽厚，喜怒不形于色，被比作文彦博，是宣宗的"托孤五大臣"之一。任礼部尚书三十二年，累加至太子太师。天顺七年（1463），胡濙去世，年八十九。获赠太保，谥"忠安"。

○二三　内官监太监倪忠墓镇墓文

维天地勅告下土冢，明堂旺气，五方诸神，八卦九宫神将：今有殃，故太监倪忠神魂，存年六十岁，原命壬戌相八月初八日丑时受生，祖贯系贵州平越都匀长官司阳坊生长人氏，大限于正统六年十一月十一日寅时身故，遂于今日者，择到顺天府涿州房山县小西天南山下地界一段，谨备人间大明宝钞九九之数，收买于上，安为祖坟。开山之日，谨备金钱祭礼，叩祝皇天后土、山川之神，赎此一葬，四界分明。左靠青龙，右挨白虎，前踏朱雀，后顶玄武，面朝苍天，背卧黄泉。自此一葬之后，山源秀气，风水良宜，利佑子子孙孙，世世贵旺，文脉九宫，武备七德，永系长存。土下山精土怪，鬼护尸故气，毋致妄生侵夺，一如女青券文律令。

正统六年岁次辛酉闰十一月初九日　给附太监倪忠收执

碑刻说明

明刻。出土于下庄村倪忠墓。高49厘米，宽49厘米，厚5厘米。

碑文考释

镇墓文，起源于东汉中后期，是具有鲜明道教文化特征的随葬文字，主要内容是为死者买阴间宅地一处，要求神灵鬼怪不要侵害死者尸体灵魂。

"女青券文律令"，即《女青鬼律》，为道教天师道早期经典。相传，太上大道君不忍看到"日有千鬼飞行，不可禁止""唯任杀忠民，死者千亿"，于"（后天皇）二年七月七日日中时，下此鬼律八卷"，执掌此玄都鬼律的则是女青。

女青在镇墓文中，东晋、刘宋、唐五代、北宋时期，出现的频率最高，南宋、金、元代出现的频率依次降低，明代极为罕见，因此《内官监太监倪忠镇墓文》的出土，极为珍贵。

壬戌，为明洪武十五年（1382）。

碑载，倪忠生于明洪武十五年（1382）八月初八日丑时，祖贯系贵州平越都匀长官司阳坊（今贵州黔南布依族苗族自治州都匀市），正统六年（1441）十一月十一日去世。

有人把《内官监太监倪忠墓镇墓文》误命为《买地券》，从文中叙事看，显然不是："于正统六年十一月十一日寅时身故，遂于今日者，择到顺天府涿州房山县小西天南山下地界一段，谨备人间大明宝钞九九之数，收买于上，安为祖坟。……土下山精土怪，鬼护尸故气，毋致妄生侵夺，一如女青券文律令。正统六年岁次辛酉闰十一月初九日，给附太监倪忠收执。"

依上面文字，似是倪忠死后买地而葬。而据正统六年（1441）《内官监倪太监寿藏记》，早在一年前的正统五年（1440），倪忠本人就在云居寺小西天买下坟茔之地，预营寿藏，即墓穴。并在当年三月初一，委托庆寿寺监临斋事阮蓝到南宫，请礼部尚书胡濙为寿藏作记。可见，倪忠买地立券在正统五年（1440），出土的这方文字，不是地券，而是镇墓文。至于"正统六年岁次辛酉闰十一月初九日，给附太监倪忠收执"，时在倪忠去世29天。"给附太监倪忠收执"，绝非《买地券》，而是用以镇墓的《女青券文律令》，故这是一篇镇墓文无疑。

岩上村

原本属于独树村,有云居寺金仙公主塔开元二十八年(740)塔铭为证:"独树村磨碑寺,东至到,南至河,西至河,北至他山。四至分明,永泰无穷。"

磨碑寺今在岩上村,唐贞观五年(631),静琬创建云居寺的同时,为刻经需要建磨碑寺于此。塔铭不云"岩上村磨碑寺",而云"独树村磨碑寺"足以证明岩上村原来是独树村的一部分。至少在元代,岩上村仍归独树村。岩上村独立成村,不会早于明代。

自古以来,岩上村磨碑寺就是采石的大本营。唐、辽、金,云居寺刻经,多在磨碑寺完成。辽代建南京,金营中都及大房山陵,元营大都,独树石场的督石官均应坐镇磨碑寺督工。明代兴大工,来独树石场的督石官或太监亦住磨碑寺。作为独树村的派生村,岩上村承载了大石窝镇自战国至清代,两千多年的汉白玉文化史,直到清光绪二十四年(1898),营建菩陀峪慈禧陵定东陵,仍在岩上村蝎子山南麓采石。大石窝最晚的一件石刻造像称《佛画像石》,也于民国十八年(1929)出自岩上村的磨碑寺。村中的张姓,原本是古独树村望族,为原住民。

本卷收录岩上村碑刻11件:明代4件、清代5件、民国2件,其中收录碑文6篇、碑阴题1则、咒语2则,题诗13首。

〇二四 嘉靖丙午磨碑寺督石唱和诗碑

嘉靖乙未仲冬，予以立侍充山陵使，临厂督石宿磨碑寺，留题一首，后东塘毛公代予至，亦和焉。昨冬，予偕惠岩顾公奉敕督琉璃河桥梁工程同至，各和一首，主政侯子屡请并刻于石，予曰十年两至，见君恩也。一倡三和，见友谊也。乃从其请云。

乙未仲冬原倡

一寺群山里，冲寒夜远临。遽庐禅榻静，榾柮地炉深。双户惟肩月，松高若会心。起看东壁晓，倚剑且豪吟。

乙巳孟冬和

霁日知遥迓，山灵喜再临。朔天车马惯，水部岁年深。未满为官债，仍坚报主心。云间偕契侣，松下续长吟。

川南几山甘为霖，少保兼太子太保工部尚书，以本部左侍郎奉敕提督山陵工程。今以前职奉敕总督琉璃河桥梁工程。

戊戌春和

群峰环古寺，春日喜初监。地僻村烟远，松寒禅院深。大观堪纵目，静坐欲宜心。暂息风尘累，挥毫试短吟。

吉水东塘毛伯温，太子太保兵部尚书，原以工部奉敕提督山陵工程。

乙巳孟冬同和

诏自承明出，珂联太保临。磨碑传寺远，题壁护云深。舟楫津涯梦，舆梁柱石心。万松起山旷，夜静作龙吟。

锡山惠岩顾可学，工部尚书奉敕总督琉璃河桥梁工程。

嘉靖丙午年五月甲午望日 本部主事侯钦立

碑刻说明

明刻。在岩上村磨碑寺。拓片通高163厘米，宽73厘米。碑刻甘为霖、毛伯温、顾可学唱和诗。

碑文考释

乙未，嘉靖十四年（1535）。戊戌，嘉靖十七年（1538）。乙巳，嘉靖二十四年（1545）。丙午，嘉靖二十五年（1546）。

甘为霖，字公望，四川富县人，嘉靖二年进士，二甲第三十八名，出知华州（今陕西省渭南市华州区）、澧州（湖南省澧州市），入刑部员外、工部尚书，改工部郎中，寻升太仆寺少卿、工部左侍郎，进尚书加少保兼太子太保。

毛伯温，字汝厉，号东塘，江西吉水（吉水县八都镇）人，祖籍浙江三衢，正德三年（1508）进士，嘉靖初年，升为大理寺丞，误判李福达重罪被革职。嘉靖十五年（1536），因明世宗欲图征讨安南，毛伯温被任命为后兵部尚书。嘉靖十九年（1540），毛伯温不费一刀一剑讨平安南归朝，封太子太保。嘉靖二十一年（1542），毛伯温上书巩固边防，明世宗同意。嘉靖二十三年（1544）秋，毛伯温被人诬陷发放边疆，途中被赦免还乡，还乡后不久病发去世。隆庆元年（1566），明穆宗给毛伯温恢复了官职，并赐予恤典。天启初年，明熹宗追谥"襄懋"。万历元年（1573），明神宗下诏夸奖毛伯温功绩。

顾可学，字舆成，号惠岩，南直隶无锡县（今江苏无锡）人，顾懋章之子，顾可久之兄。明成化十八年（1482）生，弘治十八年（1505）进士。正德中，官至浙江参议，后被劾落职，家居二十余年。嘉靖时，世宗好求长生，顾可学自言能延年术，用重贿进严嵩，官至右通政。曾以《医方选要》、秋石、红铅等进献。嘉靖二十四年（1545）拜工部尚书，寻为礼部尚书，再加太子太保。世宗为顾可学延年术所惑，采芝求药，中官四出，大为民害，于是人多怨顾可学。嘉靖三十九年（1559）八月二十九日卒，谥"荣僖"。《明史》归为"佞幸"类。

诗碑序记述了唱和原委。

嘉靖十四年（1535）十一月，甘为霖奉旨以工部左侍郎奉敕提督山陵工程，为"山陵使"，亲临独树石厂督石，下榻宿磨碑寺，留题一首即《乙未仲冬原倡》。

嘉靖十七年（1538）春，太子太保兵部尚书毛伯温代甘为霖奉敕提督山陵工程，来独树石厂督石，亦宿磨碑寺，看到三年前的题诗，和一首，即《戊戌春和》。

嘉靖十八年（1539），琉璃河石桥开工建设，甘为霖以少保兼太子太保工部尚书奉敕总督琉璃河桥梁工程。嘉靖二十四年（1545），甘为霖免职，世宗拜顾可学为工部尚书。这一年十月，甘为霖以少保兼太子太保前工部尚书的职分，与现任工部尚书顾可学，同奉敕总督琉璃河桥梁工程，再度来独树石厂督石，再宿磨碑寺，见到十年前的题诗和毛伯温的和诗，不禁感慨万千，自和一首，即《乙巳孟冬和》。同行的顾可学，随和一首，即《乙巳孟冬同和》。这就是诗碑上的一唱三和共四首诗。

工部主事侯钦，屡次请求将唱和诗镌碑，故嘉靖二十五年（1546）五月十五日，甘为霖为唱和作序，镌诗于石，这就是《嘉靖丙午磨碑寺督石唱和诗碑》。

此诗碑，为明世宗永陵工程、琉璃河石桥工程大石窝采石的重要碑刻文献。

明永陵工程，自嘉靖十五年（1536）四月二十二申时开工，武定侯郭勋、辅臣李时奉命总理山陵营建事宜。在这一天动工的还有其他七陵的修缮工程、长陵神道磴石以及石像生加护石台等工程。大约经过七至十一年的经营，永陵营建大体告成。

由诗碑可知，陵工采石提前一年即已开始，当时工部左侍郎甘为霖奉敕提督山陵工程，以"山陵使"的身份亲自到大石窝镇独树石厂督石。三年后的嘉靖十七年（1538）春，太子太保兵部尚书毛伯温代甘为霖奉敕提督山陵工程，再来独树石厂督石。

明世宗永陵，位于北京昌平十三陵陵区阳翠岭南麓，是明朝第十一位皇帝世宗朱厚熜及陈氏、方氏、杜氏三位皇后的合葬陵寝。明世宗朱厚熜，正德二年（1507）八月十日生于湖北钟祥兴王府，正德十六年（1521）四月二十二日即皇帝位，次年改元嘉靖。嘉靖四十五年（1566）十二月十四日逝于北京紫禁城乾清宫，享年60岁，谥"钦天履道英毅圣神宣文广武洪仁大孝肃皇帝"。次年三月十七日葬永陵。

琉璃河石桥工程，自嘉靖十八年（1539）开工，至嘉靖三十二年（1553）告竣。其间，甘为霖、顾可学先后任工部尚书，奉敕总督琉璃河桥梁工程。

嘉靖四十二年（1563）《敕修琉璃河桥堤记》："比銮回，敕工部尚书臣甘为霖督修。为霖以病去，不终其事。越岁乙巳，复命侍郎臣杨麒同内官监太监臣陈准、袁亨建石桥普济，各以绩叙。"以此记载，建桥伊始，敕命工部尚书甘为霖督修，后来甘为霖因病去职。根据诗碑，经合《明史》，甘为霖"以病去"实为托词，真实原因，是被顾可学所取代。由诗碑可知，甘为霖去职后，仍奉敕与顾可学总督琉璃河桥梁工程。

〇二五　嘉靖甲子磨碑寺督石诗碑

内署颁珍馔，晨装叠绣袍。扬旌催岭曙，秉烛对村醪。斧凿声相答，方圆和自操。圣躬犹侧御，臣力敢云劳？

径僻人稀到，肩舆历翠岑。难逢鞭石巧，徒抱补天心。就饷还依草，张灯始出林。夜深禅塌静，霜月伴孤唫。

万安镇山朱衡漫书，时嘉靖辛酉十二月望日也。工部右侍郎，以鼎建寿宫督石，赐彩鱼，改吏部。

甲子秋日次镇山少宰韵

露下清青宇，凉生白苎袍。雨窗淹短屐，村酿试新醪。重以宸居建，因之使节操。所须惟柱石，祗役敢辞劳。

野寺临芳甸，高斋见远岑。开山何代事，贪佛此时心。听法同僧饭，翻经坐梵林。不缘事物役，长伴钵龙唫。

游石经寺

秋至兴偏清，寻幽向北埛。林端云隐寺，岩底石藏经。秘检何年发，严扉镇日肩。山泉无乳宝，尽道火龙灵。

闻蝉

寒蝉鸣高枝，向晚声转急。感兹秋序新，凉露正沾湿。茹之足以饱，安羡鹦鹉粒。严霜瘁百卉，敛翼还自戢。卷舒委时化，万有谁能执。

洪州蟠峰李迁，工部右侍郎以改建□□□□源二殿督石。

嘉靖四十三次甲子年孟秋之吉日　本部都水清吏司主事刘淳立

碑刻说明

明刻。此碑立于岩上磨碑寺。拓片高182厘米，宽73厘米。碑额正书"流芳百代"。

碑文考释

嘉靖辛酉，嘉靖四十年（1561）。

朱衡，字士南，号镇山，万安（今江西省吉安市万安县）人。生于明正德七年（1512），嘉靖十一年（1532）进士，历知尤溪、婺源，有治声。迁刑部主事，历郎中。出为福建提学副使，累官山东布政使。嘉靖三十九年（1560），进右副都御史巡抚其地，召为工部右侍郎。嘉靖四十四年（1565），进南京刑部尚书。隆庆元年（1567），加太子少保。隆庆六年（1572），诏朱衡兼任左副都御史，经理河道。万历十二年（1584）卒，年七十三。

李迁，字子安，号蟠峰。今江西省南昌市湾里区招贤镇禹港李家村人，生于明正德六年辛未（1511）九月十七日卯时。嘉靖二十年（1541）进士。嘉靖二十三年（1544），补任兵部车驾主事。嘉靖二十八年（1549），任济南知府。嘉靖四十二年十月，以工部左侍郎总督河道，任工部右侍郎。隆庆四年（1570），任南京兵部右侍郎兼右佥都御史，总督两广军务。隆庆五年（1571）五月，以平定韦银豹功加右都御史。因在两广政绩显著，授刑部尚书。同年八月初十日引疾致仕。万历十年（1582）十月十九日去世，谥"恭介"。

嘉靖四十年（1561）四月十五日，工部右侍郎朱衡来独树石厂督石，宿磨碑寺，在寺壁题五律两首。三年以后的嘉靖四十三年（1564）七月，李迁代朱衡为工部右侍郎，亦往独树石厂督石，题《甲子秋日次镇山少宰韵》五律两首，又题五律《游石经寺》《闻蝉》。随行的工部都水清吏司主事刘淳将朱衡、李迁诗镌于碑，立于磨碑寺中。

嘉靖四十年（1561），明世宗所居的西宫为大火焚毁，朱衡诗属"以鼎建寿宫督石"，他来独树村石厂督石，当是为复建西宫。朱衡去职，改任南京，李迁继踵而来，亦应是建西宫事。

〇二六　明隆庆磨碑寺赵锦诗碑

磨碑寺次朱镇山司空韵二首

采石空山里，云深浥素袍。冲淡怜万泉，解笈一投醪。长短谁终弃，员方可易操。小臣怀罔极，幸此效微劳。

秋郊余溽暑，祇役在遥岑。未了方中事，长悬夙夜心。清阴时息树，凉月共归林。独坐劳歌起，还惭白云吟。

小西天

畿辅多名山，兹地特奇峭。青天开翠屏，广野被文绣。碧涧历逶迤，丹梯何缭绕。叠巘俨层楼，深岩恍堂奥。初至若阻严，周行更窈窕。疏落自何年？高朗协神教。遗经寄灵石，书楷亦臻妙。白云长为封，清风自除扫。我行祇皇役，朋从恣邅讨。烟云为我开，阊阖如可叫。苍茫万国罗，剞劂众山聊。林鸟发清吟，岭猿应孤啸。牵萝兴未穷，凌绝晚逾好。栖栖尘鞅中，一生讵余巧。缅怀藏经人，千载尚垂耀。

会稽赵锦

隆庆六年八月之吉　工部屯田司员外郎隗邦衡立

碑刻说明

明刻。此碑立于岩上磨碑寺。拓片高187厘米，宽73厘米。碑额双勾"万古流芳"。

碑文考释

隆庆六年（1572）六月十五日，神宗下诏在大峪山建明穆宗昭陵，声势浩大的地面建筑工程开始，工部尚书朱衡被委任总督山陵事务，工部左侍郎赵锦负责督催木石。当年八月，赵锦来独树石厂督石，即为营昭陵石工。在磨碑寺，他见到了石碑上工部长官朱衡的诗，即题《磨碑寺次朱镇山司空韵二首》，又赋五言古风《小西天》，由随行的工部屯田司员外朗隗邦衡刻石立碑于磨碑寺。

明穆宗昭陵位于北京市昌平区十三陵大峪山东麓，是明朝第十二位皇帝穆宗朱载垕及其三位皇后的合葬陵寝。明穆宗朱载垕，世宗朱厚熜第三子，嘉靖十六年（1537）正月生于皇宫，十八年（1539）二月封裕王，四十五年（1566）十二月继皇帝位，四十六年（1567）改元"隆庆"，隆庆六年（1572）五月二十六日于乾清宫病故，享年36岁。谥"契天隆道渊懿宽仁显文光武纯德弘孝庄皇帝"，九月十九日葬昭陵。

赵锦，余姚（今属浙江）人，字符朴，号麟阳。正德十一年（1516）生，嘉靖二十三年（1544）进士。师事王守仁。授江阴知县，擢南京御史。嘉靖三十三年（1554）元旦，日食，他认为是权奸乱政之应，驰疏弹劾严嵩罪，建阳明祠于龙场，触怒世宗，下在锦衣卫大牢，削职为民，家居十五年。穆宗即位，官复原职，晋升光禄卿。隆庆初，以右副都御史巡抚贵州。万历初，历南京刑部、礼部、兵部尚书。以忤张居正致仕。后拜左都御史，官至兵部尚书，万历十九年（1591）卒于任。

隗邦衡，字月潭，潜江（今湖北省潜江市周矶办事处黄场村）人。其父隗滋，祖居今黄场村（旧时称隗家台），嘉靖四十一年（1562）进士，嘉靖四十三年（1564）授工部给事中，擢升工部主事。隆庆时，任工部屯田司员外郎，从五品，管直隶及顺天府垦荒屯田。万历初，升任山东济南府知府。

○二七　重建磨碑寺记

临济下第二十五世嗣祖沙门慈仁撰　东峪观音寺提点德云书丹

佛如来之道，洋洋乎自流于中华者，以其道即体之用至广大而尽精微，极高明而该巨细。其利物则不遗幽显，其度生则不择飞潜，而尤遍乾坤、弥六合、均宇宙、彻十方，则足以上翊皇图之永固，而下保黎庶之安康。而凡昔有国者莫不崇奖，以旌厥教欤。我圣朝富有四海、垂拱万邦以来，亦尝光阐以异风化，则于在处之古刹皆允新之。及累度僧众以弘其道，以为斯民乐善，而咸跻于政域也。盛矣乎！

都城西南百五十里，顺天府涿州房山县怀玉乡独树里，山曰小西天磨碑寺，乃大唐开元十八年金山公主重建也。其山川毓秀，文□□贤，五箧三藏从斯辑，六相十支依兹制。昔时胜已，今亦废已。于正统岁僧讳法真同徒□通二人，□□□游，遁憩废□，不欺寒暑，愿充兴建。遐迩善男信女悉皆归向，或施金银，或施布帛，协力相成，葺为大殿三间、左右护法、祖堂、山门、方丈、僧舍、斋厨、贮库、园圃，悉亦丹臒校饬，轮焕粹完，于正殿妆塑释迦、菩萨、十八应真，金碧交辉，足人天之瞻仰也。遂感巨刹，晨钟夕鼓，祝延圣寿之鸿基，福被一方之丰稔，于天顺己卯年，命徒通公，字别□为二代住持也。所以天不加幸，于弘治甲子，一旦寂已，山门耗鸿，堂殿漏疎。有徒江澄，字天泽，真定府赵州临城县白合、社方等村，父赵，母李氏，成化壬辰舍本寺礼通公为师，巾瓶左右，饱克仕行，精练教乘。于正德三年四月，感大功德主御马监太监王得幸、内官监太监崔纪、内官监太监田喜、司礼监太监张斌及乡人辈，复命为第三代住持也。是澄并徒海珠重新整理，焕然更鲜，还围树株、园圃等地共二十余亩。寺西南窑厂地四亩，东西南北，四至分明，凡诸器物，以充招提之业。内外严整，一色光鲜。至正德辛未岁，厥工告毕，意欲流芳，使万古不没。仰先祖之胜功，扬本师之嘉行，诣予寒岩，征文为序。对曰：道非根而永固，名无翼而恒飞，又岂劳乎？辞不获已，姑述始末，有覥者欤？复为铭曰：

稽首磨碑，上古制兹。五箧三藏，六相十支。尘合世义，空裹文披。神龙护佑，贤圣归依。堪为兰若，宜作福基。通公别世，天泽续遗。激扬祖道，化利群机。晨昏呗读，祝国天齐。四维景贶，光射招提。万古不没，递代传持。

峕大明正德岁次辛未秋菊月吉日

碑刻说明

明刻。此碑立于岩上磨碑寺。拓片通高234厘米，宽86厘米。额高47厘米，宽40厘米。碑额篆书"重建磨碑寺记"。

碑文考释

天顺己卯年，天顺三年（1459）。成化壬辰，成化八年（1472）。弘治甲子，弘治十七年（1504）。辛未，正德六年（1511）。

此为磨碑寺可见的最早碑刻。磨碑寺始建于唐，贞观五年（631）白带山刻经创始人静琬创建云居寺，同时创建磨碑寺。唐玄宗开元十八年（730），金仙公主奏请玄宗赐云居寺新旧译经四千卷，并施钱重修云居寺、磨碑寺。当年岩上村地界属独树村。开元二十八年（740）《山顶石浮图后记》记载磨碑寺四至："独树村磨碑寺，东至到，南至河，西至河，北至他山。四至分明，永泰无穷。"

历五代、辽、金、元，磨碑寺碑刻遗失，故无可考。正德六年（1511）《重建磨碑寺记》记载了自明正统历成化、弘治至正德六年，磨碑寺史迹，弥足珍贵。依此碑记载：

明初，磨碑寺圮废。正统时（1436—1449），僧人法真同徒通公游方至此，发愿重建。远近善男信女施金银，或施布帛，协力相助，修复大殿三间、左右护法、祖堂、山门、方丈、僧舍、斋厨、贮库、园圃，或修复或重建，正殿内塑释迦佛祖、菩萨、十八罗汉。金碧交辉，山门重光。天顺三年（1459），法真退老，委徒通公为二代住持。弘治十七年（1504），通公示寂于磨碑本寺。正德三年（1508）四月，御马监太监王得幸、内官监太监崔纪、内官监太监田喜、司礼监太监张斌及乡人，公推通公弟子江澄为第三代住持。江澄，字天泽，真定府赵州临城县白合、社方等村（今河北省邢台市临城县鸭鸽营乡方等村），父赵，母李氏，成化八年（1472）舍本寺礼通公为师。

其时，磨碑寺"山门耗鸿，堂殿漏疏"，江澄率弟子海珠重新修缮，焕然一新。环寺树林、园圃等地共二十余亩。寺西南窑厂地四亩。寺内供器用具，一应完备。正德六年（1511），寺工告竣，立碑为记。

○二八　磨碑寺后殿钟楼捐资题名碑

大清嘉庆玖年磨碑寺后殿、钟楼布施人名开列于左：

邢兆麟施钱拾千、□来□施钱伍千、□顺永施钱伍千、永德号施钱五千、顺□局施钱五千、□盛号施钱叁千、恒盛永施钱叁千、义盛局施钱叁千、□乾施钱肆千、源□号施钱弍千、刘崑施钱弍千、周天佑施钱弍千、周□施钱壹千、周□施钱壹千、□和号施钱壹千、和义堂施钱壹千、吕□施钱弍千、隗兴施钱壹千、张连□施钱壹千、张连□施钱壹千、隗芝芳施钱弍千、隗芝□施钱壹千、隗连□施钱弍千、隗志通施钱弍千、赵连昇施钱弍千、郑□荣施钱壹千、李□兰施钱壹千、孙文勇施钱壹千、□德号施钱壹千。

隗芝茂施钱五百、隗芝秀施钱五百、隗志□施钱五百、周大淇施钱五百、高志文施钱五百、梁基施钱五百、张天成施钱五百、李□何施钱五百、孙□□施钱五百、丁希贤施钱五百、徐亮施钱五百、同望施钱五百、王明施钱五百、郑元志施钱五百、古闰施钱五百、张德施钱叁百、钱起先施钱叁百、李福施钱叁百、袁志施钱叁百、李永宁施钱叁百、李永芳施钱叁百、曹兴寺施钱壹千、赵宗庆施钱弌千、□□施钱壹千、李德□施钱壹千、李进成施钱壹千、王□□施钱壹千、宋显国施钱壹千、王德成施钱壹千。

郝明玉施钱拾千、西□号施钱拾千、恒顺号施钱捌千、程圣使施钱陆千、刘邦兴施钱陆千、西□号施钱五千、王兴国施钱五千、张连德施钱肆千、赵吉人施钱弌千、□刘氏施钱弌千、李俊英施钱弌千、张文忠施钱弌千、王贤施钱壹千五百、肖□施钱壹千、米太初施钱壹千、梅自立施钱壹千五百、□□□施钱壹千五百、杜叶昌施钱壹千、李忠施钱壹千、李枝荣施钱壹千、恒□号施钱壹千、高廷誉施钱千壹、□□施钱壹千、□有高施钱壹千、杨□贵施钱壹千、王国□施钱壹千、□□□施钱壹千、温□□施钱壹千。

李玉施钱壹千、古兴施钱壹千、刘□□施钱五百、王永泰施钱五百、王永庆施钱五百、王永□施钱五百、刘□□施钱五百、周成施钱五百、张佐民施钱五百、张朝宗施钱五百、张文有施钱五百、王□□施钱五百、刘□□施钱五百、陈德施钱五百、□□施钱五百、□富施钱叁百、宋全施钱叁百、李□国施钱叁百、高廷文施钱五百、丁义宗施钱叁百、田瑞施钱叁百、刘福施钱叁百、□士居施钱五百、周大□施钱叁百、冯路□施钱叁百、田生玉施钱五百。

张连纲、任□、张连□、张□□、胡□以上各施钱五百，许开亮钱叁百、张连荣施钱弌百，李忠、王兴国、王□□、张连德、赵吉人、李俊英。

碑刻说明

清刻。在岩上磨碑寺。拓片通高160厘米，宽68厘米。云首碑，碑额题双勾题"万代流芳"。

碑文考释

清嘉庆九年（1804），曾重修磨碑寺后殿、钟楼。

〇二九　磨碑寺碑记

昔汉明帝时始有佛法，上古未有佛也。后梁武帝，前后五度舍身施佛，宇庙之祭不用牲牢，昼日一食，止于菜果。事佛求福，人人皆然也。自唐睿圣文武皇帝而后，自天子以至于庶人其事佛之诚，甚至焚顶烧纸，百十为群。解衣散钱，自朝至暮。转相仿效，惟恐后时。老少奔波，弃其业次佛之在。天下莫不共仰佛光之普照，熙鸿号于无穷。但人有祸福，有佛以保护之。人有疾病，有药以调治之。昔神农尝药辨性，遂作方书以疗民病。当是时，有医人所不能医而神乎其神者，为之降龙，为伏虎。唐封为药王，成其正果，后之人莫不尊其庙貌，起殿宇，塑金身，信其神效，而万古蒙庥也。兹有金玉府绅士、住持嘱予作文以记之，予不揣谫陋，冒渎神明，谨为之序云。

岩上村施主人：张至远、张口纶、张维宝，以上各施钱拾千文。

张宏济、张宏谟、张维瑞、张鸿，以上各施钱陆千文。

张澍、张濂、张渏，以上各施钱伍千文。

佟祥、任谦、张维成、张维实、张宏全，以上各施钱叁千文。

王克昌、张方、张宏勋、张连珠、刘永贵，以上各施钱贰千文。

张宏信、张玉、张宏亮、张秀、张沂、张口、张连才、刘永常、李祥、高广禄、崔环、张宏让、张口、张连口、张宏忠、任祥、张口、李殿魁，以上各施钱壹千文。

张宏才、张宏敏、刘永旺、张维山、张宏治、张宏阳、张宏大、张宏贤、刘永富、刘永兴、张宏口、张宏口、崔光、佟国才，以上各施钱伍百文。

住持僧广兴、广顺，徒绪达、绪逵、绪明同立。

顺天府涿州廪贡生康天铎撰文并书丹　石工郝昌富镌

大清同治四年岁次乙丑仲春谷旦

碑刻说明

清刻。此碑立于岩上磨碑寺。拓片通高161厘米，宽71厘米。碑额正书"重修药王庙记"。碑无题，题为添加。

碑文考释

此碑文未记重修事,通篇虚论佛与药王,由碑额所题"重修药王庙记"推知,磨碑寺内供有药王,同治四年(1865)曾重修供奉药王的殿宇,岩上村52人施助钱财。当寺住持为广兴、广顺,弟子有绪迳、绪达、绪明。

○三○　重修磨碑寺记

盖闻磨碑寺自唐重建,至今多年,重建已经数次,于大清同治年间僧人广兴、广顺募化重修,又历多载,想此寺工程浩大,前后大殿巍巍,配殿暨墙垣巩固。未免每年被风雨摧残,砖瓦石片见坏,而三星在户,周围墙垣一概坍塌,村人视此光景,钩无不叹。故专意访请圣僧,一则永远看管庙宇,一则有意经住持可以重修。在民国十一年七月初一日,合村公立请帖,恳请覆泰入庙。现有庙柒亩,墙垣内地多少在内,永远归住持看管。典出地亩,由住持出钱赎回,并不干涉覆泰,方允入庙。入庙时墙垣业已坍塌,大殿暨左右配殿又多破漏,于是扶心自问,以如此之工程致有不堪之现状,悲哉,叹哉!又随身代进大银圆四百九十六元,铜元五吊,所用碗箸傢俱一切自己置办,又将村人典出庙地四亩出银圆七拾元赎回。庙运由此而兴,神灵由此而显,远近善士赴寺瞻拜,无不情愿助施,另从重建。昔先人创造之功,费莫大之力,岂可因工程浩大而废为乌有?覆泰与徒真庭、真祥等三人发愿力募,四方檀越又纷纷贵助,故得以重修观音、药王、菩萨殿五间,佛殿三间,东西禅室六间,墙垣百余丈。而今工程完竣,一律整齐,覆泰师徒等欣曰:全赖佛德威灵,药圣感召,四方檀越施之功,方能还我师徒之志愿。坚志立碑,永垂久远,故请余叙文,余与覆泰有普渡之缘,与真庭有同乡之谊,余不敏故谨□而为之记。

岩上村公立请帖字人张永臣、张永兴、张永长、张永和、张永亨、张永全、张维□、张维□、张维□、张维□、张维□、张维理、张维□、张维□、张□、张□、张□、张□、张□□、张□亮、张□仲、张□乐、王得山、任□□、刘庆云、□□□。

住持僧覆泰、月舟,徒众真□、真□、真和、真□、真□、真庭、真□、真□、

真□、真□、真□、真□、真□、真□。

优波赛戒弟子真□、真山、真□、真□、真忠，优波夷戒弟子真正、真秀、真善、真□、真宝、真□、真化。

幽生信士弟子赵先生、何先生、雷先生、高先生、崔先生、王先生、吕先生、王先生。

信女弟子孔氏、黄氏、王氏、丁氏、张氏、王氏、张氏、周氏、王氏、陈氏、王氏、□氏。

河北省房山县初级师范生杨福履撰文并书丹　石工刘忠、刘仲镌

中华民国十八年岁次己巳季春谷旦　立

碑刻说明

清刻。此碑立于岩上磨碑寺。拓片通高127厘米，宽66厘米。碑额正书"永垂不朽"。

碑文考释

碑文有多处错字，依照录碑规矩，原文照录，故在此说明：1."钧无不叹"，"钧"字误，应为"均"。2."并不千涉覆泰"，"千"字误，应为"干"。3."又随身代进大银圆四百九十六元"，"代"字误，应为"带"。

此碑记载了磨碑寺民国时期重修经历。

自清同治年间僧人广兴、广顺募化重修后，至民国初，墙垣坍塌殆尽，大殿和左右配殿残损破漏。民国十一年（1922）七月初一日，岩上村请僧人覆泰入庙住持，商定七亩香火地和寺内产业归覆泰看管。覆泰进庙，带来银圆四百九十六元、铜元五吊，寺院所用碗筷家具，一切由覆泰自己置办，出银圆七拾元赎回被村民典出卖香火四亩，又与弟子真庭、真祥募化四方檀越，重修观音、药王、菩萨殿五间，佛殿三间，东西禅室六间，墙垣百余丈。民国十八年（1929）春，工程完竣。

月舟，涞水釜山人（今河北省保定市涞水县西北之娄村），清末民国时期京南名僧，在抗战时期的北方佛教界有一定威望。民国十八年（1929）《重修磨碑寺记》属为磨碑寺住持，可见民国十八年（1929）前后，他一度驻锡磨碑寺。

月舟有画名，至今涿州仍有其画作流传。涿州画家王恨庚早期师从月舟，后拜齐白石门下。

〇三一　磨碑寺佛画像石

消灾吉祥神咒

曩谟三满哆，母驮喃，阿钵啰底。贺多舍，娑曩喃，怛侄他。唵，佉佉，佉呬，佉呬，吽吽。入嚩啰，入嚩啰。钵啰入嚩啰，钵啰入嚩啰。底瑟姹，底瑟姹。瑟致哩，瑟致哩。娑癹咤，娑癹咤。扇底迦，室哩曳，娑嚩诃。

往生净土神咒

曩无阿弥多婆夜，哆他伽多夜，哆地夜他。阿弥唎都婆毘，阿弥唎哆，悉耽婆毘。阿弥唎哆，毘迦兰帝。阿弥唎哆，毗迦兰多。伽弥腻，伽伽那。枳多迦隶，娑婆诃。

京兆房山县岩上村磨碑寺佛教会长覆泰大师

碑刻说明

民国刻。佛画像石，在房山大石窝镇岩上村磨碑寺。高82厘米，宽42厘米。刻画佛教人物21个，头部均镌圆形背光，有菩萨、佛、天王、侍者。画像顺序自下而上，分别是：杨枝观音、弥勒佛、地藏菩萨、三大士、三世佛。天王、侍者奉侍于佛、菩萨左右。

碑文考释

卷首为杨枝观音，束髻披巾，身着法衣，跣足立于一朵盛开的莲花上，左臂内屈，施无畏印，右手持杨柳枝，挑于肩头。广袖舒展，神情慈慧。

杨枝观音画像两侧各镌一则神咒，左镌《消灾吉祥神咒》，右镌《往生净土神咒》。

《消灾吉祥神咒》，是佛教徒《早晚课诵集》中十小咒之一，出自《佛说炽盛光大威德消灾吉祥陀罗尼经》，由释迦牟尼佛于净居天上所说，唐代不空三藏大师汉译。读诵此咒可以消除灾难，带来吉祥。佛经说："若诵此咒一百八遍，灾难即除，吉祥随至。"

《往生净土神咒》，即《拔一切业障根本得生净土陀罗尼经》，出自《小无量寿经》，简称"往生咒"或曰"往生净土神咒"，也是佛教徒《早晚课诵集》中十小咒之一。佛经说，念诵此咒，日夜各二十一遍，能灭五逆、十恶、谤法等重罪。诚心念此咒，阿弥陀佛常在头上保佑，怨家不能伤害，可享安乐之福。

杨枝观音身后是弥勒佛，光头跣足，赤裸上身，盘腿而坐，左足心着座，右足侧翻露掌。左立韦陀尊者，甲胄在身，头顶战盔，盔缨高挑，冠带飘逸萦回于两臂之内，双手合十，于胸前平托降魔金刚杵。右侍托塔天王，左手托琉璃宝塔，右手执枪，僧冠战袍，长髯斜挂，挺胸而立，绦带缠腰，带尾随风飘动，不怒自威。云气烘托着弥勒佛须弥法座，飘于韦陀尊者和托塔天王足下，左右各升灵芝云一朵，飘然而上，两侧延展，形成云团，云团上云气升腾，向内做如意云状。祥云瑞霭，萦绕于弥勒佛与韦陀尊者、托塔天王头顶，衔连地藏菩萨、三大士、三世佛，及天王、侍者，仿佛置身天国。

弥勒佛身后是地藏菩萨，头戴毗卢冠，身披袈裟，结跏趺坐于仰莲弥须座上，双手合拢，捧莲朵于胸前。道明身着袈裟，双手持九环锡杖，微向内倾，奉侍于左。闵长者身着长袍，头戴高冠，左手下垂，右手持摩尼宝珠恭立于右。外围是四大护法天王，道明一侧，一前一后，为南方增长天王毗琉璃（持青锋宝剑）、北方多闻天王毗沙门（持混圆珠伞）。闵长者一侧，一前一后，为西方广目天王留博叉（持赤龙）、东方持国天王多罗吒（持碧玉琵琶）。四大天王全身披挂，各戴毗卢冠，冠带飘逸绕肩，垂于两臂内侧，长髯均布，覆于胸前。

地藏菩萨身后是三大士，身着袈裟，袒胸，端然稳坐于云头之上。观世音菩萨束髻披巾，右手在上，左手在下，托玉净瓶于胸前，结跏趺坐，下承仰覆莲须弥宝座，善财童子、龙女恭立两旁。善财童子跣足裸臂，双手合十，踏于朵莲之上。龙女长裙广袖，脚踩云头，绦带绕肩飘于胸际。左侧文殊菩萨双手持如意，乘青狮；右侧普贤菩萨双手持莲花一支，坐于白象之上。观世音菩萨座下左右各浮一朵祥云，青狮、白象之尾，各浮两朵祥云。

三世佛居画像卷尾，为大乘佛教中的横三世。三佛皆袒胸，中间为释迦牟尼，阿难和迦叶恭立两旁，左为东方药师佛，右为西方弥陀佛。三佛各披袈裟，结跏趺坐，端坐于莲花须弥座上。释迦牟尼两臂平托于胸际，结说法印。药师佛右手托琉璃宝塔于胸际，左手施无畏印。弥陀佛相反，左手托琉璃宝塔于胸际，右手施无畏印。释迦牟尼佛、弥陀佛承仰莲须弥座，独药师佛承仰覆莲须弥座。须弥宝座之下，祥云缭绕。

三世佛头顶各悬一具宝盖，宝盖上以三层云纹为饰，盖帘以丝绦均匀围垂，每具宝盖两侧，各垂两条流苏，每条流苏以一朵仰莲为系，丝绦下垂，均匀串缀三颗宝珠。居中一具宝盖，四条流苏均下垂一朵覆莲，两侧的宝盖内侧垂两朵覆莲，外侧垂一朵覆莲。

整卷画像布局精巧，错落有致，菩萨、诸佛之间以云气烘托，即弥合出画面的整体感，又富有装饰性。云气自杨枝观音头顶徐徐升腾，环绕弥勒佛，托于地藏菩萨、三大士座下，向上团团聚结，簇拥着三世佛法驾。画像以杨枝观音足下的莲花开卷，以三世佛头顶的宝盖收官，清丽庄严，营造出神秘的佛界天国气氛。

佛画佛石未属年月，杨枝观音右侧所镌《往生净土神咒》落款："京兆房山县岩上村磨碑寺佛教会长覆泰大师"。

考房山县，清属顺天府涿州，民国三年（1914）改属京兆地方，民国十七年（1928）改隶河北省。

又据民国十八年（1929）三月《重修磨碑寺碑记》：佛画像石造者覆泰，是民国十一年（1922）七月初一日，应岩上村民之请，入主磨碑寺的，他重修磨碑寺，于民国十八年（1929）春竣工，立碑于寺。依此情形判断，此佛画像石亦当刊于民国十一年（1922）七月至民国十六年（1927）之间。

房山佛教造像，最早的为北魏太和二十三年（499）十二月九日《僧欣造像》，最晚的即是这件民国（1922—1927）磨碑寺住持覆泰《佛画像石》。覆泰《佛画像石》可谓房山1400余年佛教造像史的收官之作，文化意义非同一般，在北京佛教造像史上，亦应写下重要一笔。

〇三二　重修山神庙碑记

神圣庇佑，间里护福无涯，产石灵□，各工采用不竭，历来官商仰沐，迄今童叟欢忻，诚古今如一日者也。是以前人于雍正年间建立神庙于本山之阳，以昭虔敬，迨今已逾多年，势欲倾圮。袁文□、常□山等不忍坐视，各殚诚衷捐资重整，庶庙貌辉煌，神人共悦。虽今略表微忱于一旦，惟斯永赐利赖于将来。故宜勒古以垂不朽。

大清乾隆二十九年三月十五日同立

信士崔浪笔 林念德书 刘起宗发心 刘进芳、刘进孝刊

碑刻说明

清刻。此碑立于岩上磨碑寺后蝎子山。拓片通高 112 厘米，宽 47 厘米。碑额正书"万世流芳"。

碑文考释

碑文称，"前人于雍正年间建立神庙于本山之阳"，那么山神庙应是雍正泰陵大工时所建。泰陵始营于雍正八年（1730），历时八年，乾隆二年（1737）告竣。建庙时间，应在雍正八年（1730）至雍正十三年（1735）年之间。营泰陵曾在石窝石厂采石，由此庙之建可知，当然亦曾在独树石厂采石。

碑文记载，清乾隆二十九年（1764）春袁文某、常某山，见山神庙要倒塌，不忍坐视，捐资重修。此为创建后第一次重修。

○三三　重修襥紫山山神庙碑记

国家怀柔百神及河乔岳，凡有功德于民利济于世者皆宠之以祀典。故东岱、西华、南霍、北恒，以及名山三百、支山三千，罔不效灵助顺，各献菁华以光圣天子之盛治。赫乎厥声，濯乎厥灵，嘉荟萃，笔不胜书矣！

都城南磨碑寺北，峰峦崇峙曰襥紫山。东枕象冈，西睇白玉塘、小西天，久擅一方名胜。其山有神庙，不知创修于何年，空山岁久，风雨侵寻，不惟墙垣倾圮，法像亦渐就暗败，过者咸为恻然。岁戊戌，敝厂分修菩陀峪工程，事大物博，所次取于斯山甚剧，而采石尤为大宗。惟是峰涧郁回，崎岖万状，开

凿既虞不易，辇运亦实维艰。爰乃竭诚至祷于山之庙神，以求默佑。自经始迄藏事，其间取多用宏，皆从容就理，履险如夷，隐若有为驱策而赞助之者。嘻，是固国家之威福所致要，非神灵暗相恕，亦未易如是之用力少而成多也。步武感念神庥，思酬神德，谨独力捐资，庀材鸠工，易颓垣为坚壁，复庄严于金身，错彩镂光，辉煌金碧。工将竣，诸同事咸请曰："神之灵赫矣，浩荡莫名，原不因祠祀之修废，为感寂然。自古神道设教，莫不存功于祠，昭德于声，匪勒贞珉，何以重威灵而齐人心哉？"步武曰："唯唯。"辄不揣为记厥颠末，镌石立阶下，以俟后之兴于善者。

花翎四品衔候选分州衡水信士隆聚木厂铺东耿步武沐手上石

光绪戊戌年夏五上浣之吉　承办建修人耿汉泰　匠头张茂玉、张玉玺

碑刻说明

清刻。此碑立于岩上磨碑寺后蝎子山。拓片长112厘米，宽100厘米。

碑文考释

颟紫山，即蝎子山。

光绪戊戌，光绪二十四年（1898）。

碑文称："岁戊戌，敝厂分修菩陀峪工程。"即光绪二十四年（1898），董步武的隆聚木厂成为菩陀峪工程的承包商之一。

菩陀峪为慈禧陵，世称菩陀峪定东陵。始营于同治十二年（1873）八月，于光绪五年（1879）六月时完工，耗时六年。

光绪二十一年（1895），慈禧以年久失修为借口，下令将菩陀峪万年吉地的方城、明楼、宝城、隆恩殿、东西配殿、东西燎炉全部拆除重建，将宫门、朝房、小碑楼、神厨库等建筑揭瓦大修，地宫各券及石五供也在之列，重修工程于光绪二十一年（1895）十一月二十四日开始，到光绪三十四年（1908）十月，在慈禧死前几天才告结束，历时13年之久。

重修工程开工三年即光绪二十四年（1898），董步武的隆聚木厂作为承包商，分包陵工采石，采石地点就选在山神庙以东一带的蝎子山南麓。开工之前，先到山神庙上香祷告陵工采石一切顺利，没有发生意外。董步武见山神庙院墙

倒塌，山神像暗败，便独自施钱把庙墙砌好，又把山神像复整彩饰。

〇三四　购买山地文契

钦命承修菩陀峪万年吉地工程，和硕庆亲王、大学士直隶总督荣，为奉命拣选本工需用大小件石料，本王大臣拣人派监督大人前往房山县一带地方采办艾叶青石料。今查磨碑寺迤北蝎子山前，艾叶青石塘石性坚润，方能经久，选择石样本，王大臣奉明，恭呈御览钦定在案，饬派隆聚木厂在彼开采。适有岩上村张连城、张宏才、王克昌求中人说合，将祖遗磨碑寺迤北蝎子山前山坡地一段，北至分水岭，南至洩水沟，东至官牛道，西至山神庙，四至分明，今凭中人说合，情愿卖与隆聚木厂永远为业。勒石记载，以垂久远。

又及六月初六日，有岩上村张敬斋，祖遗山坡地一段，同中人说合卖与本厂：北至分水岭，东至山神庙，南至界子，西至业主。

大清光绪戊戌年夏五上浣之吉立

碑刻说明

清刻。此碑立于岩上磨碑寺后蝎子山。拓片长111厘米，宽103厘米。周刻花卉。碑无题，题为添加。隆聚木厂与岩上村张连城、张宏才、王克昌、张敬斋四户的买地文契碑。

碑文考释

光绪戊戌，光绪二十四年（1898）。

光绪二十一年（1895），慈禧重修菩陀峪陵工。委派和硕庆亲王奕劻和直隶总督荣禄拣选陵工石料。奕劻和荣禄派专员亲往房山大石窝镇采办艾叶青，见岩上村磨碑寺北蝎子山艾叶青石塘石性坚润，采回石样，由奕劻和荣禄亲呈慈禧定夺，慈禧最终选择了蝎子山艾叶青。奕劻、荣禄命衡水董步武的隆聚木厂作为石商，承办蝎子山艾叶青采运。

光绪戊戌，光绪二十四年（1898）五月，岩上村张连城、张宏才、王克昌

委托中人说合，将山神庙东山坡地卖给隆聚木厂，供开采艾叶青。将卖地契文刻石为记。当年六月初六，岩上村张敬斋，把山神庙西山坡地卖给隆聚木厂。这次交易，以小字加刻在前三户卖地石契的末尾空白处。

此石契见证了清代皇家大工采石和明代不同，明代采石由工部和内官监官督官采，清代早期似沿袭明代做法，晚期则改为官督商采，由朝廷派员督理，朝廷出钱把采石运石承包给商人。

和硕庆亲王奕劻，晚清宗室重臣，清朝首任内阁总理大臣，满洲镶蓝旗人。清高宗爱新觉罗·弘历曾孙，庆僖亲王爱新觉罗·永璘之孙，不入八分辅国公爱新觉罗·绵性长子。道光十八年（1838）三月二十四日，奕劻出生于北京，过继庆郡王绵慜为嗣，初封辅国将军，后晋爵贝子、贝勒，同治十一年（1872）九月，加郡王衔，任御前大臣。光绪十年（1884），担任总理各国事务衙门大臣，进庆郡王。光绪二十年（1894），晋爵亲王。光绪二十四年（1898），加恩世袭罔替，成为铁帽子王。光绪二十六年（1900），八国联军侵华，他受命与李鸿章于次年代表清政府签订《辛丑条约》。光绪二十九年（1903），为首席军机大臣，仍总理外务部。宣统三年（1911），裁撤军机处，改设内阁，奕劻任内阁总理大臣。辛亥革命爆发后袁世凯复出，奕劻让出首相职位改任弼德院总裁。清朝灭亡后，迁居天津。民国六年（1917）一月二十九日病死，时年79岁。追谥曰"密"，子载振袭爵。

荣禄，字仲华，号略园，瓜尔佳氏，满洲正白旗人。道光十六年（1836）出生于世代军官之家，以荫生晋工部员外郎，后任内务府大臣、工部尚书，出为西安将军。因为受到慈禧太后的青睐，留京任步军统领、总理衙门大臣、兵部尚书。光绪二十四年（1898）授大学士，署直隶总督兼北洋大臣。官至总管内务府大臣，加太子太保，转文华殿大学士。光绪二十九年（1903），卒，赠太傅，谥文忠，晋一等男爵。编有《武毅公事略》《荣文忠公集》《荣禄存札》。其女瓜尔佳·幼兰是末代皇帝溥仪的生母，被慈禧太后收为养女。

独树村

独树村是房山历史上最悠久的古村之一，成村不晚于汉代。独树村以东10公里的长沟镇太和庄村东，为汉西乡县古城，独树村为西乡县属村。当年，独树村东南有一片浩渺的水泊，古称"鸣泽"。独树村后山，古称"独鹿山"。独树，由"独鹿"演变而来，可见独树村留下最古老的地名。

战国时期《阙子》一书记载，有个宋国人，在梧台东面拾了一块燕石，拿回家收藏起来，视同稀世美玉。一个从周都洛邑来的人听说了，要一睹为快，主人郑重其事地穿戴好礼服，他小心翼翼地打开一重重精美的箱柜，揭开一层层华锦，终于把燕石取出，来人看说："这不过是块燕石罢了！"主人反而倍加珍惜。

这种从战国时期就享誉神州的如玉美石，就产在独树村后山，独树村为大石窝汉白玉文化之源。

汉白玉的开采和利用，即从独树村后山开始，发轫于战国，继起于秦汉。两晋北朝时期，主要用于墓志、碑刻及佛教造像。隋代开始用于刊刻石经。辽金时期成为北京古都建筑材料，元营大都、明清营建北京，独树村石场为重要的开采地，至于宫苑、陵寝、桥梁道路，莫不取材于此。

村中张姓，是古老的姓氏，在独树村的家族史超越一千年。早在唐代该村张姓就参与了白带山刻经。唐初，高宗时期《佛说造立形像福报经》题记："独树合村经主名：先贤府正张约，妻傅；息武骑尉二郎，妻赵；息义全，妻宋；息运感。前乡正张宗英，妻杨；息武骑尉归信，妻孙；息仁挺。张伯兴妻寻；息怀义，妻许；怀举，妻刘；怀遇，妻高。张六朗，妻杨；息君汉，妻赵；君素，妻张；息涿、新、兴、土、德。"元代张彬又作为金玉府的采石官员，长期为元廷督采石料，官至出蜡提举司提举，成为五品大员。

独树村西的岩上村，原属独树村，明代后才分离出去，独立成村。历史文化上，两村一脉相承。

本卷收录独树村碑刻10件：辽代1件、元代4件、明代1件、清代4件，其中收录碑文2篇、幢题1则、墓题6则、匾额1则。

○三五　大悲心陀罗尼幢

大悲心陀罗尼曰

智炬如来破地狱真言

碑刻说明

辽刻。在独树村舜帝庙遗址。八面刻。拓片高58厘米，通宽129厘米。

碑文考释

正中镌一龛，龛内释迦祖双手合十，结跏趺坐于莲花宝座之上，神态安详。左侧正书题"大悲心陀罗尼曰"，其后为梵文《大悲心陀罗尼经》；右侧正书题"智炬如来破地狱真言"，后面的真言亦为梵文。

○三六　大元国大都路涿州房山县独树里重建帝舜庙碑

大都路蓟州儒学正涿郡林栋撰并书篆

自清浊区分而人物生其中，得天地精英之气者为圣为贤，其夫亲天序克尽其道者谁欤？推其帝舜名，则其人也。舜以匹夫而有天下，为臣而尽臣职，为子而尽子道，故孟轲氏有云："欲而君臣，尽君臣之道。二者各法，尧舜而已矣。"百世之下，莫不尊仰奉祀，盖有不期然而然者矣。至于耕历山、陶河滨、渔雷泽，所随者化，自其余事耳。

元朝房山县独树里有帝舜庙，乃经兵革之余，日往月来，风雨莫支。锦裳粉裴，本里惟庙额与石柱，刊在到大金大定十三年重建。一石碣云：大定二十年涿州奉留衙旨□坐奉尚书礼部符文□奉圣旨，刷绘无名额寺□神祠，绘塑神佛容像，各州府正给合同公据照用合存留去处除外，范阳县独树北舜帝庙，火字第二者，合据当时模之于石。今在庙中乡民重建庙儿一间，创塽圣仪二后，及左右辅相绘画于壁，应门一座，右建马棚一所，常年春秋季月，割牲洒醴二祭。

大德五年，社民重新起盖主廊五间，渐次可观。土人诸色府银局大使张彬，因谒庙，与金玉府山场提领许孝裔、金玉府山场提领张有祥等致祭，咸谓正殿一间，卑陋狭隘，圣仪贤像损坏，未称崇奉，与众佥议，当洪其基，高其址。□□□殿而得其宜，□在盟而同声相应，同气相求。于是，岁时致祭，□□□□□□□□□□□，抡材选匠，百废俱兴，□朝□暮，大使张彬同提领许孝裔、张有祥□□□□□□□□□□□兴役逾月，大殿三间而落成，宫墙□□，光观一新，栋宇翚飞，丹膺□奂。□□□□，□□列坐。□□庄严，严然尊□。暨左右转相绘画壁间。修建功成，来□□于余，□□□□□□□□□□诚，舜之德业岂一石可既盛？数千载下，使民拳拳弗忘而庙祀之，用其宜也□□其兴建□□□石，以鄙陋辞□□。

大元至顺元年岁次庚午九月丙戌四日壬午 立石

诸色府银局大使张彬　金玉府石局山场提领许孝裔、张有祥　石匠王义

碑刻说明

元刻。在独树村舜帝庙。拓片高204厘米，宽97厘米。碑额篆书"重修帝舜庙碑"。

碑文考释

帝舜庙，创建不晚于辽，庙遗址有辽代《大悲心陀罗尼幢》，据《大元国大都路涿州房山县独树里重建帝舜庙碑》，元时，其庙额和石柱上刊有"金大定十三年重建"，庙内石碣记载，大定二十年（1180）重建正殿一间，内塑帝舜神像，左右绘有壁画，又建应门一座、马棚一所。每年春天二月、秋天八月致祭。元大德五年（1301），乡民增建主廊五间。

至顺元年（1330）八月，诸色府银局大使张彬与金玉府山场提领许孝裔、金玉府山场提领张有祥等谒庙致祭，见帝舜庙只有一间殿，过于简陋狭窄，帝

舜像日久损坏，商议扩建殿宇。大使张彬同提领许孝裔、张有祥各施钱财，主持起建大殿三间，九月竣工。

综上，帝舜庙创建不晚于辽，金大定十三年（1173）、大定二十年（1180）两次重修。当年规模不大，只有一间殿宇。元大德五年（1301），乡民增建主廊五间。至顺元年（1330）八月，诸色府银局大使张彬与金玉府山场提领许孝裔、张有祥扩建大殿三间。

张彬在房山元代碑刻中屡有款属。

元至元二十八年（1291）《重修隆阳宫碑》："采石提举司管勾吕政、提控李源、独树张彬刊。"

元延祐二年（1315）《大都房山县新建大成至圣文宣王庙碑》："采石大使张彬、康仲礼。"

至顺元年（1330）《大元国大都路涿州房山县独树里重建帝舜庙碑》："土人诸色府银局大使张彬。"

元后至元二年（1336）《大都房山县小西天石经山云居禅寺藏经记》："宣授进义校尉出蜡提举司正提举张彬助缘监造。"

采石大使，采石局主官，秩从七品。

《元史·志第四十·百官六》："采石局，秩从七品，大使、副使各一员，掌夫匠营造内府殿宇寺观桥闸石材之役。至元四年，置石局总管。十一年，拨采石之夫二千余户，常任工役，置大都等处采石提举司。二十六年罢，立采石局。"

"土人诸色府银局大使张彬"，土人，本地人。诸色府，即诸色人匠总管府，掌百工技艺。

《元史·志第三十五·百官一》："诸色人匠总管府，秩正三品，掌百工之技艺。至元十二年始置。……其属十有一。"诸色人匠总官府所辖十一个官属分别是两司、七局、一库、一所，即：梵像提举司、出蜡局提举司及铸泻等铜局、银局、镔铁局、玛瑙玉局、石局、木局、油漆局、诸物库、管领随路人匠都提领所。

银局大使，银局主官，秩从七品。

《元史·志第三十五·百官一》："银局，秩从七品。大使一员，直长一员，掌金银之工。至元十二年始置。"

出蜡提举司，即出蜡局提举司。正提举，出蜡提举司主官，秩从五品。

《元史·志第三十五·百官一》:"出蜡局提举司,秩从五品。提举一员,同提举一员,副提举一员,吏目一员,掌出蜡铸造之工。至元十二年,始置局。延祐三年,升提举司,设今官。"

由此知:

张彬,独树村人。元代独树村属大都路涿州房山县怀玉乡独树里。元世祖至元二十八年(1291),他原本是个普通石匠。仁宗延祐二年(1315),已升任采石局大使,秩从七品。明宗至顺元年(1330),为诸色府银局大使,秩从七品。顺帝元后至元二年(1336),已升出蜡局提举司正提举,秩从五品。

张彬的人生经历,是元代大石窝镇汉白玉开采的见证。元代汉白玉开采,自大都城建设开始。

金宣宗贞祐三年(1215)蒙古攻占金中都,后改名为燕京。元世祖至元元年(1264)八月,忽必烈下诏改燕京(今北京)为中都,定为陪都。

至元四年(1267)决定迁都中都,开始宫殿和都城的兴建。中书省官员刘秉忠为营建都城的总负责人,阿拉伯人也黑迭儿负责宫殿设计。郭守敬担任都水监,修治元大都至通州的运河,并以京郊西北各泉作为通惠河上游水源。至元九年(1272),改中都为大都,将上都作为陪都。

到至元二十二年(1285),大都的大内宫殿、宫城城墙、太液池西岸的隆福宫、中书省、枢密院、御史台等官署,以及都城城墙、金水河、钟鼓楼、大护国仁王寺、大圣寿万安寺等重要建筑陆续竣工。当年,发布了令金中都故城居民迁入新都的诏书:"诏旧城居民之迁京城者,以资高及居职者为先,仍定制以地八亩为一份,其地过八亩或力不能作室者,皆不得冒据,听民作室。"

从至元二十二年(1285)到三十一年(1294),有四十至五十万居民自金中都故城迁入大都。此时期还陆续完成了官内各处便殿、社稷坛、通惠河河道、漕粮仓库等建筑工程。元大都的营建工作至此基本完毕。

大都城及宫殿营建伊始,便在房山大石窝镇的采石。

元顺帝至元三年(1337)《元故房山贾君墓碣铭》:贾和"别籍采石提举司。当官城肇建,栏槛、陛础、舆梁、池台,悉资玉石,供亿浩穰,主者莫能支,辟君掌其文书,事集而工不扰。至元十四年四月,君以疾卒"。贾和,元怀玉乡抱玉里人(今房山区张坊镇北白岱村),大都建设之初,参与了大石窝汉白玉开采，藉属采石提举司。宫城建设刚刚开始，栏槛、陛础、桥梁、池台，皆需汉白玉，各工所需供给繁多，主管官员难以应付，征招贾和掌管文书。贾和处理得当，井井有条。按《元史》掌管文书，即案牍，为提控，秩九品。那么，贾和为采石提举司提控，秩九品。贾和于至元十四年（1277）四月病逝，他参与了大都城营建前十年的采石工程，在任上因病殉职。

贾和弟贾壤之子贾叔让、贾季常，也身膺石工。

大元至正七年（1347）《元故俭斋先生贾君墓碣铭》："君世涿州房山人，曾大考金尚医某，祖考贞祐三年进士，伏翼县丞景山，考处士君德全，母康氏。娶焦氏，早卒，继赵氏。子男叔让，提领金玉府采石山场；季常，司石局库。""君"，指贾壤，其子贾叔让提领金玉府采石山场。

金玉府，全称诸路金玉人匠总管府。

《元史·志第三十八·百官四》："诸路金玉人匠总管府，秩正三品，掌造宝贝金玉冠帽、系腰束带、金银器皿，并总诸司局事。中统二年，初立金玉局，秩正五品。至元三年，改总管府，置总管一员，经历、提控、案牍各一员。十二年，又置同知、副总管各一员。二十五年，置达鲁花赤一员。大德四年，又置副达鲁花赤、副总管各一员。后定置达鲁花赤二员，正三品；总管二员，正三品；副达鲁花赤二员，正四品；同知二员，从四品；副总管二员，正五品；经历一员，从七品；知事一员，从八品；照磨、管勾各一员，令史五人，译史一人，奏差二人。"

《元史·志第四十·百官六》：采石局"山场，提领一员，管勾五员。至元四年置"。

贾叔让，任提领之职，乃采石局山场主官，上司为采石局大使、副大使，下辖管勾五员。

贾季常，司石局库。即石局司库，掌管石局诸物出纳。

稍后，在金玉府石局任职的房山人，便是怀玉乡上乐村的康惠琮。

元泰定元年（1324）《康氏先茔碣铭》："延祐七年正月一日，将仕佐郎金玉府石局大使康君惠琮方疾。"

将仕佐郎，文散官，从八品。《元史·志第四十一上·百官七》："将仕佐郎，以上从八品。"

金玉府石局大使，石局主官，从七品。《元史·志第三十五·百官一》："石局，秩从七品。大使一员，管勾一员，董攻石之工。至元十二年始置。"康惠琮，元怀玉乡上乐村（今大石窝镇南尚乐村）人。石局与采石局职分有所不同，采石局负责石料开采，石局负责汉白玉的加工雕刻。石局至元十二年（1275）置，康惠琮的任职年份，应该在至元十二年（1275）后，参加了元大都大石窝汉白玉开采的下半程。

继之有职分参与元大都营造而开采汉白玉的同样出自怀玉乡抱玉里人：元至元二十八年（1291）《重修隆阳宫碑》："采石提举司管勾吕政、提控李源，独树石匠张彬。"

按《元史》记载：至元十一年（1274），拨采石之夫二千余户，常任工役，置大都等处采石提举司，以元各司之官秩，大都采石提举司管勾，为该司下级官员，秩正八品。这一机构，至元二十六年（1289）罢，由采石局代替。

采石提举司提控，位在管勾之下，秩或从九品。吕政、李源，元怀玉乡抱玉里南抱玉村（今房山区张坊镇南白岱村）人。二人任职应在至元十一年（1274）至至元二十六年（1289）之间，正值大都城池和宫殿坛庙建设的关键时期。当时，独树村的张彬，只是作为当地的一名石匠赴采石之役。

仁宗延祐二年（1315）前后，张彬这个普通石匠，在大都城营造的几十年中，终于登上历史舞台，升任采石局大使，秩从七品。自仁宗延祐二年（1315），在采石局大使任上十五个年头，到至顺元年（1330），改任诸色府银局大使，秩从七品。再历六年，于元末的顺帝后至元二年（1336），晋升出蜡局提举司正提举，成为地位显赫的五品大员，进入权贵行列。

而元代独树石厂和石窝石厂的汉白玉开采从至元四年（1267）一直延续到元末。继张彬之后，当地人在金玉府采石局任职的是许孝裔、张有祥。

至顺元年（1330）《大元国大都路涿州房山县独树里重建帝舜庙碑》：至顺元年（1330）八月，"土人诸色府银局大使张彬，因谒庙，与金玉府山场提领许孝裔、金玉府山场提张有祥等致祭，咸谓正殿一间，卑陋狭隘，圣仪贤像损坏，未称崇奉，与众佥议，当洪其基，高其址"。

至顺元年（1330）前后，许孝裔、张有祥分别任金玉府山场提领。山场隶采局石，提领为山场主官，受采石局大使、副大使节制，秩或正八品。从明宗至顺元年（1330）距元亡（1368），仅仅三十八年。

土生土长的张彬，作为承前启后的人物，是元代自大都营建，大石窝汉白玉开采的见证，也是房山人参与大石窝汉白玉开采和元大都营建的见证。

有一种说法，独树张氏作为地方望族，和元代的显官张弘范有关，张彬的经历表明，他才是独树张氏家族兴望的关键人物。

独树村张氏家族，可追溯到唐初的高宗时期，《房山石经题记汇编》载有高宗时期《佛说造立形像福报经》题记："独树合村经主名：先贤府正张约，妻傅；息武骑尉二郎，妻赵；息义全，妻宋；息运感。前乡正张宗英，妻杨；息武骑尉归信，妻孙；息仁挺。张伯兴妻寻；息怀义，妻许；怀举，妻刘；怀遇妻高。张六朗，妻杨；息君汉，妻赵；君素，妻张；息涿、新、兴、土、德。"题记中提到独树村的先贤府正张约，张约子武骑尉张二郎，张二郎子张义全。前乡正张宗英，张宗英子武骑尉张归信，张归信子张仁挺。张伯兴，张伯兴子张怀义、张怀举、张怀遇。张六朗，张六朗子张君汉、张君素。张君素子张涿、张新、张兴、张土、张德。可见，早在唐初，张氏就是独树村望族。

独树村张氏，自唐以来一脉相承。至元代，由于大都城建设开采汉白玉，张氏家族的张彬，以一介石匠投身王役，步入仕途，成为五品高官，张氏家族由此赫赫乡里。

而张弘范为河北保定定兴县河内村人，几乎穷其一生，都在前线与南宋作战，直到至元十七年（1280）病逝。张弘范墓志，亦在定兴县出土。张弘范有一子，名张珪，官至中书平章政事，泰定四年（1327）年病逝。无论正史，还是地方文献，均未见张弘范与独树村张氏有任何渊源。

〇三七　大元宣举张公墓碑

大元宣举张公之墓

碑刻说明

元刻。碑在独树村张氏家族墓。拓片高93厘米，宽69厘米，右下残。无题，题为添加。

〇三八　元故纹锦局百人长张公墓碑

元故纹锦局百人长张公之墓

碑刻说明

元刻。碑在独树村张氏家族墓。拓片高88厘米，宽58厘米。无题，题为添加。

碑文考释

纹锦局，隶属"织染杂造人匠都总管府"。职分是，召漏籍人户教习织造。主要任务之一，是"织御容"，即纹织元代帝后的御容。

墓主张公为纹锦局百人长，顾名思义，此职主管百名织匠。

〇三九　大元故显考父张公墓碑

大元故显考父张公之茔

碑刻说明

元刻。碑在独树村张氏家族墓。拓片高88厘米，宽58厘米。无题，题为添加。

〇四〇　明张玠墓碑

明故张公讳玠李氏之墓

碑刻说明

明刻。碑在独树村张氏家族墓。拓片高99厘米,宽55厘米。无题,题为添加。

○四一　独树里石匾

雍正甲辰九秋

独树里

古燕邵泰

碑刻说明

清刻。在独树村,为房山区现存的唯一里名石匾。无题,题为添加。此石匾镌于雍正甲辰九秋,即雍正二年(1724)九月。首尾有篆印三枚。前引首"寿以岗陵";后落款,上为"邵泰号曰北崖",下为"清门太史氏章"。

碑文考释

邵泰,号北崖,清直隶顺天府大兴县人,康熙六十年(1721)进士,改庶吉士,授翰林院编修。

邵泰为何给独树里题石额?此事似与一个清代权贵有关,这个人就是傅鼐。傅鼐在独树里营有别墅,或请邵泰题独树里石额,筑于村门。

傅鼐,字阁峰,姓富察,隶满洲正白旗。初授侍卫,历官盛京户部侍郎、刑部尚书兼理兵部,正蓝旗满洲都统。傅鼐精于骑射,十六岁选入右卫,在雍邸侍奉雍正,担任护卫贴身跟随,片刻不离。邵泰题额的雍正二年(1724),傅鼐刚好加官晋爵,授镶黄旗汉军副都统、兵部侍郎。傅鼐是雍正的得力之臣,先后参赞大将军马尔赛、福彭军事,参与招抚准噶尔台吉噶尔丹策凌事务,并充使宣谕。

乾隆初,升任刑部尚书。后因屡上疏论刑律,请因时改正律例条文,被免职入狱,在狱中生病,乾隆皇帝放他回家,死于家中,终年六十二岁。傅鼐死后,葬在独树村东北,由袁枚撰《刑部尚书富察公神道碑》,立于傅鼐墓神道之上。神道碑已失,傅鼐墓早已无存。

袁枚，清代诗人、散文家。字子才，号简斋，晚年自号仓山居士、随园主人、随园老人。汉族，钱塘（今浙江杭州）人。生于康熙五十五年（1716），乾隆四年（1739）进士，历任溧水、江宁等县知县，有政绩，四十岁即告归。在江宁小仓山下筑随园，吟咏其中。广收诗弟子，女弟子尤众。袁枚是乾嘉时期代表诗人之一，与赵翼、蒋士铨合称"乾隆三大家"。嘉庆二年（1797）卒。

附录碑文

清袁枚《小仓山房文集》载《刑部尚书富察公神道碑》：

公讳傅鼐，字阁峰。先世居长白山，号富察氏。祖额色泰，从太宗文皇帝用兵，有大功。子四人，次子骠骑将军噶尔汉辅圣祖致太平，生公。

公眉目英朗，倨身而扬声，精骑射，读书目数行下。年十六，选入右卫，侍世宗于雍邸。骖乘持盖，不顷刻离。雍正元年，补兵部右侍郎。年羹尧以大逆诛，穷其党，公谓廷臣曰："元恶已诛，胁从罔治。鼐事上久，能知上之用心。倘诸公心知某冤而不言，非上意也。"诸王大臣以公语，平反无算。岳兴阿者，九门提督隆科多子也。隆柄用时礼下于公，公不往。及隆败，公为上言岳无罪。上疑公与隆有交，谪戍黑龙江。公闻命，负书一箧步往，率家僮斧薪自炊。

先是，公在上前尝论准噶尔情形，上不以为然。用兵数年，所言验，乃召公还，予侍郎衔，命往军前参赞。未行，仍命入宫侍起居。上违和，医药事皆公掌之。

十二年春，命公观兵鄂尔多斯部落。中途，侦贼数万，掠地西走。公即赴拜达理，请于大将军马尔塞曰："贼送死，可唾手取也。鼐远来，虽兵疲，犹能一战。惟马力稍竭，愿大将军给轻骑数千助鼐。事成，归功将军；事败，鼐受其罪。"马嘿然，再三云不应。公愤激，自率所部出，与贼战，大败之，获辎重、牛畜万计。率以马病，不能穷追。事闻，天子大悦。赐孔雀翎，移佐平郡王军谋，斩大将军马尔赛徇于军。会贼有求降意，而盈廷诸臣皆欲遣使议和罢兵。上问公，公叩头曰："此社稷之福也。"上意遂定。即命公同都统罗密、学士阿克敦往。公闻命驰抵策凌部落。策凌集十四鄂托、十四宰桑合而见公，曰："议不成，公不归矣！"鄂托、宰桑者，华言十四路头目也。公叱曰："出嘉峪关而思归者，庸奴也！某思归，某不来矣。今日之议，事集，万世和好；不集，三军露骨,一言可决。"诸酋相目以退。翌日,策凌如约缮表,求公转奏,并遣宰桑同来,献橐驼、明珠等物。

果亲王任事时,声咳所及,九卿唯唯。公在座,俟王发声,听未毕,辄迎拒曰:"王误矣!"王不能堪。世宗责公曰:"汝知果亲王何语而又误耶?"公亦不能答也。世宗崩,今上登极,迁刑部尚书。以误举参领明山、失察家人两事落职。入狱,病,刑部尚书孙公嘉淦奏请就医私第,许之。薨于家。年六十二。

〇四二　张有相墓碑

乾隆三十六年　月　日

清故显曾祖考张公讳有相、元配李氏合葬之墓

曾孙本元、本□,元孙联芝、联勋、联捷、联纲、联英、联甲、十儿,六世孙立儿、牛儿、成儿仝立。

碑刻说明

清刻。碑在独树村张氏家族墓。拓片高130厘米,宽63厘米。碑额正书"源远流长"。乾隆三十六年(1771)立。无题,题为添加。

〇四三　张联纲墓碑

咸丰五年十月　日

清故显祖考张公讳联纲王氏、崔氏合葬之墓

艮山坤向。孙纶、纪、维,曾孙维士、维清、维宝、维义、维亮,元曾九河、九如、九成、九龄仝立。

碑刻说明

清刻。碑在独树村张氏家族墓。拓片高138厘米,宽60厘米。碑额正书"永

垂不朽"。咸丰五年（1855）十月立。墓主张联纲，张有相玄孙。无题，题为添加。

○四四　重修关帝庙碑

尝闻神威浩荡，万古显赫濯之灵。人秉善心，千秋重蒸尝之典。独树村东有关圣帝君之庙一座，不知创于何时，但历年久矣。庙宇损坏，怎当风雨之飘飖。墙壁坍塌，几叹星辰之透露。当斯时也，观斯景也，神且无恫怨之心，人自有凄怆之意。故众善虔诚谋及住持，各出赀财，兴工甃砌。遂重修山门、前后殿，以及群墙二十余丈。东边又修草房七间。共使钱三百吊一十二千整。倏尔造成，庶几一望肃然，观瞻壮丽，岂不焕然聿新乎？众皆曰："人心之向善所为也。"然实由神道之所感耳。遂勒石以垂不朽云。

爰记布施众善人等，并庙中历来香火地亩数：

萨炳阿施纹银十五两住京都、邢天馥施钱六千石门村、赵连升施钱六千独树村、富保善施钱六千住京都、高自贵施钱六千高家庄、齐大勇施钱六千独树村、赵麒施钱二千独树村、齐瑞施钱十千独树村。住持僧朗庆收总，共成善事。

庙西北一段十五亩，东西至隔子，南至道，北至沟。

庙东北一段十八亩，四至隔子。

庙东一段七亩，东至隔子，南北西沟。

庙东南一段四亩，东至隔子，北至道，西南至沟。

庙左右菜园子地随庙。

□□粮食□□□□□□□

嘉庆十三年五月吉日敬立

碑刻说明

清刻。碑在独树村东关帝庙遗址。拓片高129厘米，宽63厘米。碑额双勾题"万古流芳"。

碑文考释

此碑记载嘉庆十三年（1808）五月重修独树村关帝庙情况：重修山门，前、后殿，群墙二十余丈。东边建草房七间。共使钱三百吊一十二千。

碑后记北京内城及本地石门村、独树村、高家庄（今高庄）八位施钱者姓名和施钱数。末尾记载本庙香火地四段44亩及庙左右菜园。

后石门

后石门成村于明永乐五年（1407）。永乐四年（1406）闰七月，成祖朱棣下诏，翌年五月建北京宫殿，分遣大臣采木于四川、湖广、江西、浙江、山西。并命督军、民、匠造砖瓦，征天下诸色匠，选河南、山东、陕西、山西、直隶军士、民丁，明年五月俱赴北京听役。永乐五年（1407）五月，王振宗奉旨携带一家老小，由山西洪洞县大槐树下，长驱670公里，来到房山怀玉乡独树里，在石门村北的南泉水河北岸一片荒地上筑室而居，落户下来。王振宗的差役，本来是营建北京，可是，自永乐七年（1409）至十三年（1415）先役陵工采石，永乐十五年（1417）六月营都开始，王振宗再役都城、宫殿采石，直到永乐十八年（1420）十二月癸亥建成。王振宗的后代，在石门村北生存繁衍，形成村落，与石门村一前一后，王姓家族的村落在后，便叫后石门。有了后石门，原石门村自然叫前石门。后石门王姓人丁兴旺，逐步蔓延到三岔、石窝、下庄、南白岱、北白岱等村。

本卷收录后石门碑刻10件：清代9件、民国1件，其中收录碑文4篇、碑阴题4则、墓题6则。

○四五　重修三义庙五道庙序

　　盖闻小雅之诗曰："奕奕寝庙，君子作之。"是则庙之高也由来久矣。因念我后石门村旧有五道之庙立于某岁未能深知，惟有三义之庙肇自何年若有可考。初则创建西坡于嘉靖，道路崎岖，礼拜甚难。继而迁徙本村于顺治，士庶烝尝，时祀犹易。乃重修于嘉庆甲子，忽倾圮于同治戊辰。苟废而不修，神位无所，行人驻足而悼叹。修而不亟，庙貌不存，闾里目击而心伤。是以合村公议，按户摊钱，钱有多寡，皆如意。按家出工，工无偏重，都遂心。于是不日成之，上栋下宇，足以蔽风雨。亦且绘事完矣，峻宇周墙，足以肃观瞻。所有帮助人工，日用饮食，皆出自备也。而又增益钱物，或相付伯全数交清矣。将以结绳而治乎，遵古有所难行，抑以造册而注乎，流传恐亦未久，即不然多助者收之，寡助者取之而名不称于世乎，于理愈不顺，惟是鸠工刻石，俾芳名姓字与摊补财并辅助人力，永垂不朽，以期无负旌表善人之意也云尔。是为序。

　　文生王琦撰文

　　文生王守正书丹

　　经理人：王邦屏、王琦、王邦邻、王之相、王邦淑、王邦贵、王建春、王守仁、王守矩

　　王邦昌镌

碑刻说明

清刻。碑在后石门村三义庙。拓片高82厘米，宽66厘米。

碑文考释

嘉庆甲子，嘉庆九年（1804）。同治戊辰，同治七年（1868）。

据此碑，后石门村三义庙创于明嘉靖年间（1522-1566），原在本村西坡，道路崎岖，往来不易。清顺治年间（1644-1661）迁址村内，于嘉庆九年（1804）重修，同治七年（1868）倒塌，合村公议，按户摊钱、出工重修，不日竣工。同时重修的还有五道庙。

碑阴

积德堂、王榆、王槐、王琳、王邦屏、王邦邻、王守矩共柒家，各施钱拾吊文。

王建、宝山堂、唐兆隆、王邦翰、王邦立、王之功、王之相、存仁堂、敦厚堂、王守仁、王守廉、王建章拾贰家，各施钱肆吊伍百文。

王文吉施钱伍吊文、瑞兴堂施钱叁吊文、王永贵施钱叁吊文。

王□、王祥、王环、王珣、邢福绥、王邦顺、王邦享、王之安、王之元、王之坦、王之化、王之礼、王守朴、王宝山十四家，各施钱贰千文。

赵清沧、王邦妥、王邦休、王邦连、王邦贤、王永清、王永春、王有容、王相、王隆、王臣、王明、王守固、王守亮、王守仓、高瑞、陈朋、刘德宽、陈国兴、王之卿、王之和、王之根、王之恩、王之明、王之俊、王之彦、王之全、王之兴、王之贵、王之春、王建魁、王建礼、王建顺、王建得、王海贵、王海存、王宝琴、唐兆兴，各施钱壹吊文。

大清同治柒年四月谷旦立

碑文考释

此碑阴为研究后石门王氏族谱提供了重要依据。

○四六　永建桥梁改修娘娘庙碑记

凡事功成必有所始，建桥梁改修庙宇斯事果何所始乎？盖由价藩欲免村中之赌博，特立禁止之章程，每有好立局场不惮犯例而故蹈其非者，一窥面焉即有罚约，所谓罚钱文，入于公会，以后好赌者乃心谨戒而不复犯。为自同治初年至拾贰叁年，此钱生息数百余缗，由是开夫古制，有徒□成又有舆梁成者，我村山峙于后，水绕于前，南北之长河，阻东西之要路，往来行人，何以免涉水之苦也？聿与佥议用此钱文运买石料，以备桥所需焉，外无他村辅佐，惟有云居寺帮助车工，张坊镇助钱六贯。于是经之营之，乡人攻之，不数日而有成。雁齿线微，可便行人之来往。虹腰虽窄，能容驷马之驰驱。桥工报竣，转思村东素有泰山行宫一座，只小小一间，数尊画像，不知始自何年。想碧霞元君尊齐岱岳，何以寓此之卑乎？司明后土，德并坤元，何以居此之隘乎？广生主嗣之神明，慈祥素著，何以处此之陋乎？于是商于佥曰："公会尚有余赀，可置买木料，改修正殿三间。"孰知土木之工不可轻动，功未成而力竟不足也。又由本里以及四方捐赀柒佰余吊，亦非喜功好大也，盖新庙奕奕，俾夫求之虔诚礼拜者，仰望神仪整肃，无不尊其瞻视焉。诸善信之祗事三凡者，皆欣然而向善，志各有在，俱辅列于后，勒碑刻铭，以永垂不朽云。

京都保定府冀州王琹舫撰文并书丹

房邑本里庠生王守勤、王宝三撰文

大清光绪十四年岁次戊子四月谷旦立

碑刻说明

清刻。碑在后石门村黄土坡。拓片高125厘米，宽66厘米。碑额篆书"万古流芳"。

碑文考释

后石门村之河为南泉水河。民国十七年（1928）《房山县志·卷之二·河流》："南泉水河，源出自西域寺西北之水头（旧云出自黑牛水东南，循涧伏流至水头始出），东南经西域寺之东。其支流引入寺内，又南复折而东经下庄村。又东南流，三岔水、东域寺水先后注之，三岔水有泉（东域寺水出自白云山南麓，水势稍大）。又东南经前后石门东，又南流经高家庄东南。"

此碑载，后石门村有一条河自北而南，阻东西之路，往来行人，涉水苦之。光绪十四年（1888），村民公议修建桥梁，所用资金是村中禁赌的公款。早年，后石门村有赌博陋习，村中德高望重的长者牵头设立禁赌章程，设局涉赌者违章罚款入公，自同治元年（1862）开始，到同治十三年（1874）连本带利储蓄百余缗，建桥运买石料，施工费用，就是用这笔钱。云居寺帮助车工，张坊镇助钱六贯。桥不大，几天就落成。

村东有座小庙泰山行宫，只有一间房，庙内画几尊神像。此庙过于狭小，村民便用本村公会余资改旧建新，创建正殿三间，费用有缺，又募化本里以及乡邻，得钱七百余吊，不日工竣。

碑阴

沈家庵：穆振芳、□□□，以上各施钱两吊文；穆振□、穆振元、穆建芳、穆建□、□□□，以上各施钱壹吊伍；郭□文、张玉、郭江，以上各施钱壹吊文。

广禄庄：杨庆元、卢文卿、卢文和、赵成恒，以上各施钱壹吊文。

半壁店：□和盐店施钱两吊；鞠文元、高振海，各施钱壹吊五；福□□局、高□□、宗□、□□堂，各施钱壹吊文。

北正村：袁顺之、张蕴明、张蕴昌、王绍兴，以上各施钱壹吊文。

杨树底下：□盛棚铺施钱壹吊文。

三座庵：陈焕璧施钱□吊文；陈焕荣、陈焕明、陈治山，以上各施钱两吊文；陈连、陈治海，各施钱壹吊文。

高家庄：高廷宪施钱两吊文；高永功、高永饧、高玉峰、高永聚、高自玉、高自本、高自荣、杨兴甲、周启花、周之才、周之瑞、周永登、周永礼、周永福，以上各施钱壹吊文。

岩上村：张□，施钱两吊文；张维彦、张维清、张维儒、张涛、张湘、张澍、张澺、张□、张维道、张维义、张永明，各施钱壹吊文。

独树村：赵成文、赵惠，各施钱两吊文；红得元、何景安、赵成安、赵山、赵俊、赵玉，以上各施钱壹吊文；王□友，各施钱两吊文。

四座庙：高永瑞、高凤仪、魏得山、周玉、高凤亮；下庄村：崔兆山、崔兆瑞、崔兆禄、崔焕文、王连、张永德、张永、刘旺河、许鸿齐、张成岩；水头村：□宝庆、张兆隆、宋玉、刘启贵、刘廷弼、田进义、王庆海、刘进成、王顺、田俊，以上二十五家各施钱壹吊文。

三岔村：王守纪、王守立、王守山、王守贵、王凤才、王凤山、王得宽、戴乐山、隗荣顺、赵景和、隗得福、隗得顺、隗荣坤、许福荣、李福、刘成山、丁凤忠；本里：王守朴、王守祥、杨景辰、王之兴、王之禄、王之根、唐兆兴、王守固、王邦均，以上二十六家各施钱壹吊文。

本里：王邦屏施钱三拾吊文，王邦达施钱三拾吊文，王守矩施钱三拾吊文，王建施钱二拾吊文，王之德施钱十二吊文，王之林施钱十吊文，王之纲施钱九吊文，王之相施钱八吊文，王邦立施钱八吊文，唐兆隆施钱八吊文，王守义施钱八吊文，王建本施钱八吊文，王之仁施钱六吊文，王之功施钱五吊文，王永贵施钱五吊文，王之□施钱五吊文，王守德施钱五吊文，王邦□施钱四吊文，王守庆施钱四吊文，王邦珣施钱三吊文，王邦昌施钱三吊文，王之□施钱三吊文，王之□施钱三吊文，王之元施钱两吊五百，王之安施钱两吊五百，王守旿施钱两吊五百，王□明施钱两吊五百。

王□□、王建魁、王之富、王邦相、王邦荣、王海贵、王之礼、王邦树，以上各施钱两吊文；王邦建、王永顺、王邦贤、王邦德、王之□、王之□、王建春、王宝山、王宝□、王宝□、王宝□、王之和、王宝成，以上各施钱壹吊五；王建礼、王建顺，各施钱壹吊二；王守邦施钱三吊文；王□□、陈彭、王之化、王守□、王邦□、王邦□、王守明、王有荣、王永清、王之明、王之惠、王之□、王□□、王之卿、王□□、王宝□、王宝□、王守直、邢福绥、邢新民、邢新善、王城、王守清、王邦修、王隆，以上各施钱壹吊文。

碑文考释

施助者有沈家庵、广禄庄、半壁店、北正村、杨树底下、三座庵、高家庄、岩上村、独树村、四座庙、下庄村、三岔村等12村。碑阴镌刻不足，另立《永建桥梁改修娘娘庙功德碑》以记其余。

沈家庵，今属河北保定涞水县宋各庄乡。

广禄庄，今属北京房山区张坊镇。

北正村、杨树底下、三座庵，今属北京房山区长沟镇。杨树底下今为长沟镇自然村。

半壁店、高家庄、岩上村、独树村、四座庙、下庄村、三岔村，今属房山区大石窝本镇。高家庄，今名高庄。四座庙，今入高庄村。

○四七　永建桥梁改修娘娘庙功德碑

经理人：王邦屏立意，命孙宝三代理，王邦邻首事，王邦淑、王之泽、王之纲、王之相、王邦伦、王守正、王守矩、王宝聚、邢福绥、王建兴监工，王宝庆监工，王建魁、王守春、王之富、王之荣监工，王之功、王之化、王守官、王宝全、王建海、王邦传。

沿村施钱叁吊，毛家屯钱叁吊，双磨村钱叁吊，罗家峪钱伍吊，黄泉井钱叁捌吊。

南正村：公会施钱陆吊，侯德山施钱壹吊，唐世兴施钱壹吊，刘世安施钱壹吊，刘郁文施钱壹吊。

纸房村：公会施钱伍吊，隗荣玉施钱壹吊。

西白代：合村公施钱伍吊，郭□施钱壹吊。

张坊镇：线铺户施钱拾吊，吴得之施钱壹吊。

塔照村：丁秉□施钱壹吊，丁裕田施钱壹吊，丁宝田施钱壹吊，丁陡然施钱壹吊，丁友仁施钱叁吊。

行宫：李庆森施钱贰吊，张玉林施钱壹吊，□吉施钱壹吊。

六甲房施钱叁吊，岔子沟施钱叁吊，下营施钱叁吊，北，南，东三甘池施钱陆吊。

南甘池：刘斧文施钱贰吊，刘子良施钱贰吊，刘荆山施钱贰吊，王□施钱□吊，北杨施钱□吊。

大峪沟：杨□□施钱□吊，□□□施钱□吊，杨□□施钱□吊，王□施钱□吊，周□□施钱□吊，□□□施钱□吊，□□施钱□吊，□□□施钱□吊，杨□山施钱□吊，杨□□施钱□吊。

南白代：邱□□施钱□吊，焦□□施钱□吊，吕□□施钱□吊，吕□□施钱□吊，吕□□施钱□吊。

本里王邦昌、王守常镌

大清光绪拾四年岁次戊子四月谷旦立

碑刻说明

清刻。在后石门村黄土坡。拓片高124厘米，宽56厘米。碑额篆书，双勾题"永垂不朽"。

碑文考释

光绪十四年（1888），后石门村建桥，并扩建泰山行宫。立碑《永建桥梁改修娘娘庙碑》，并《永建桥梁改修娘娘庙功德碑》，此即功德碑。

建桥修庙，由王邦屏提及，王邦邻发起，经办人19人，其中王姓一门17人：王邦淑、王之泽、王之纲、王之相、王邦伦、王守正、王守矩、王宝三、王宝聚、王建魁、王守春、王之富、王之功、王之化、王守官、王宝全、王建海、王邦传，邢姓1人：邢福绥。监工王姓3人：王建兴、王宝庆、王之荣。

乡邻施钱者19村：

沿村、双磨村、黄泉井、南正村、六甲房、南甘池、北甘池、东甘池、岔子沟9村，今属北京房山区长沟镇。黄泉井，今名黄元井。岔子沟，今无此村，地名尚存。

西白代、张坊镇、大峪沟、南白代4村，今属北京房山区张坊镇。西白代，今名西白岱。南白代，今名南白岱。张坊镇，今张坊村。

纸房村、毛家屯、塔照村、行宫、下营5村，今属北京房山区大石窝镇。行宫，今入半壁店桂村。

罗家峪，今属北京房山区韩村河镇。

碑阴

石窝村：□□文施钱六吊文；恒盛酒店施钱六吊文；刘殿贤施钱两吊文；玉升德、泰和林、泰□居、衡玉号、义泰昌、王守□、□殿贤、李永才、莫□年、温□泽、石玉琢、王义、王富、王兴、王永，以上各施钱壹吊文。

辛庄村：崔文奇各施钱五吊文；□□□、李□□、崔文才、崔文和、崔建魁、崔宝□、崔文同、陈建功、张秀文、张治文，以上各施钱壹吊文。

北尚乐村：杨海峰施钱三吊文，杨锡爵、杨锡恩各施钱壹吊文；杨锡□、杨赞元、杨天玉、高自良、赵文魁、宋秉政、宋国兴、张效、马荣，以上各施钱壹吊文。

惠南庄：公施钱叁吊文。

广润庄：全村公施施钱肆吊文；王霖□、王爱棠、王步□、王步□、王□庆、王起□、高忠、高贤、高春、高文祥、张仲仙、周尚文、□□飞、郭起仁，以上各施钱□吊文；许月川、义成油房，以上各施钱壹吊文。

南尚乐村：公施钱叁吊文；□□□施钱□吊文；□□□施钱□千文；王言、田锡魁、杨□荣、石振纲、任廷俊、石振邦、李浩然，以上各施钱壹吊文。

长沟镇：瑞合成、双兴号、万丰恒、聚兴局、福森盛，以上各施钱贰千文。

琉璃河镇：全兴席店、瑞兴席店，各施钱壹吊文。

以上八村□系前街。

前石门村：邢福全施此碑材；邢福同、邢景慈、邢景高、邢景荣、邢景耀、邢景□、邢肇乾、邢福谦、邢福益、邢福龄、张安，以上各施钱壹吊文。

蔡家口：蔡连璧、蔡连城、蔡连喜、宋秉全、萧永清、牛宝山，以上各施钱壹吊文。

东关上：沙极盛、□成才、王林玉、穆仁、周文□、周文□、李春、古明德、古明口、古明贵，以上各施钱壹吊文。

北白代：贾永庆、苏□□、黄福荣、韩忠、苏林、苏梅、苏秀，以上各施钱壹吊文。

西甘池：曹庆海、陈凤栋、陈凤仪、陈桂芳、张守和、张玉泰、张成、张敬、王清，以上各施钱壹吊文。

碑文考释

碑阴记载施钱者13村。

石窝村、辛庄村、北尚乐村、南尚乐村、惠南庄、广润庄、前石门7村，今属北京房山区大石窝镇。

蔡家口、北白代（今北白岱）、东关上3村，今属北京房山区张坊镇。

长沟镇、西甘池2村，今属北京房山区长沟镇。

琉璃河镇，今琉璃河二街村，属北京房山区琉璃河镇。

施钱商号12家。

石容村6家：恒盛酒店、玉升德、泰和林、泰□居、衡玉号、义泰昌。

长沟镇4家：瑞合成、双兴号、万丰恒、聚兴局、福森盛。

琉璃河镇2家：全兴席店、瑞兴席店。

〇四八　王敬斋墓碑

嘉庆癸酉年仲月吉旦

皇清授修职郎显考王公静斋府君墓

男延照、延熙、延勋、延□立

碑刻说明

清刻。碑在后石门村王氏家族墓。拓片高152厘米，宽68厘米。碑额篆书"永言孝思"。嘉庆癸酉年，即嘉庆十八年（1813）立。无题，题为添加。

碑文考释

修职郎，正八品。文散官。

〇四九　王兴偕妻杨氏墓碑

清道光二十年岁次庚子十二月吉日

经正王公讳兴偕配张氏之墓

本山坐东向西

碑刻说明

清刻。碑在后石门村王氏家族墓。碑首高43厘米，宽55厘米，厚20厘米。碑身高80厘米，宽52厘米，厚19厘米。碑额正书"本支万世"。清道光二十年（1840）十二月立。无题，题为添加。

○五○　王琴父、母邢氏、继母王氏杜氏墓碑

大清道光贰拾玖年九月

皇清处士显考王府君，先妣邢太君，继妣王、杜太君合葬之墓

子王琴孙邦理暨曾孙守勤同奉祀

碑刻说明

清刻。碑在后石门村王氏家族墓。碑首高49厘米，宽64厘米，厚22厘米。碑身高101厘米，宽63厘米，厚20厘米。碑座高43厘米，宽75厘米，厚41厘米。无题，题为添加。

○五一　王琴、妻杨氏墓碑

清道光贰拾玖年九月

皇清处士显考讳琴王府君、待增孺人显妣张太君合葬之墓

阳男王邦理暨孙守勤奉祀

碑刻说明

清刻。碑在后石门村王氏家族墓。碑首高42厘米，宽53厘米，厚18厘米。碑身高77厘米，宽51厘米，厚16厘米。碑座高42厘米，宽61厘米，厚40厘米。碑额篆书"启迪后人"。无题，题为添加。

○五二　王府君、妻丁氏刘氏墓碑

大清咸丰三年四月

皇清处士显考王府君、先妣丁太君、继妣刘太君合葬之墓

后石门

碑刻说明

清刻。碑在后石门村王氏家族墓。碑首高43厘米，宽58厘米，厚17厘米。碑身高82厘米，宽57厘米，厚16厘米。碑座高53厘米，宽65厘米，厚35厘米。碑额篆书"永垂不朽"。无题，题为添加。

〇五三　培补坟茔碑记

前明永乐初年北京建都，奉旨由山西省洪桐县城内大槐树下，迁于直隶省顺天府房山县西南乡后石门村安居乐业。始祖讳振宗，隶籍独树里王四甲，始立此茔，至今四百有余年。传至十四代孙宝三，见自同治初年，坟前被水冲塌四五丈宽，八九丈长，两三丈深，而且冲去坟数冢、王昆石碑一座，坍塌日甚，春秋祭扫，冷落荒疏，何以报本而追远乎？因此触目伤心，意欲培补，惜独力难成，于是禀商于二叔祖曰："祖宗虽远，祭祀不可不诚。祖茔坍塌若是，后嗣袖手旁观，不亦背朱子之明训乎？"二叔祖辅宝臣乃向合族商议，谓向有春秋祭祀，合族长幼俱往会中同席而食，一年两季，花费匪轻，将吃会一事暂且停止，培补坟墓可也。不然，四百年之丘墟将没于瞬息间矣！祖无所依，人何忍乎？于是合族无不欣然乐从。二叔祖乃委派年少而老成者数人经理，光绪七年春起，屡年培补，至十七年又经大水，坟前之沟洫未开，水上之堤防无恙。吃会虽免，培补之事有成。况且祭毕另设分甘之意，老幼俱往坟前稽首，领其胙物，神嗜饮食而孝孙亦有庆。此非一人之幸，实合族之幸也。前之致祭冷落者，今则子孙众多矣。十数年间填沟、打坝、置地、盖房、栽树，并立石碑、供桌、香炉，许多事故，劳心劳力，我一人之识见有限，实赖二叔祖之筹画而成，亦赖经理人勤劳不息焉。故立石以垂永久云尔。

大清光绪十七年岁次辛卯四月谷旦立

碑刻说明

清刻。碑在后石门村王氏家族墓。碑首高48厘米，宽61厘米，厚20厘米。碑身高94厘米，宽57厘米，厚18厘米。碑座高44厘米，宽84厘米，厚39厘米。

碑额双勾题"德泽绵延",碑阴额双勾题"王氏先茔"。

碑文考释

碑文开端述后石门王姓祖源:"永乐初年建都,奉由山西洪桐县城大槐树下,迁移直隶省顺天府房山县西南乡后石门村安居乐业。始祖讳振宗,隶籍独树里王四甲。"

考《明史》:永乐四年(1406)闰七月壬戌,"诏以明年五月建北京宫殿,分遣大臣采木于四川、湖广、江西、浙江、山西"(《明史·成祖纪》),并命"督军、民、匠造砖瓦","征天下诸色匠",选河南、山东、陕西、山西、直隶军士、民丁,"期明年五月俱赴北京听役"(《明太宗实录》)。

那么,后石门王姓始祖王振宗,作为山西的役夫工匠,是奉永乐四年(1406)闰七月诏命,于永乐五年(1407)五月由山西洪洞县城大槐树下,迁入后石门村。"直隶省顺天府房山县西南乡独树里王四甲后石门村",为清代后石门村隶属,明永乐时后石门村隶顺天府房山县怀玉乡独树里。

永乐五年(1407)北京的宫殿并没有动工兴建。其间发生了两件事,使建都工程推迟了整整十年。

永乐五年(1407)七月,仁孝徐皇后崩于南京,江西术士廖均卿说北京昌平北有吉壤,叫黄土山,山前有龙虎二山,形成风水宝地。朱棣决定在此建造陵墓,并改黄土山为天寿山。永乐七年(1409)六月二十日,长陵先于北京开工兴建。

就在长陵兴工的当年,成祖派往鞑靼的使臣郭骥被杀,成祖决心北征,讨伐鞑靼。

元王朝被推翻后,残余势力逃往漠北后,永乐初年分裂为鞑靼、瓦剌和兀良哈三部。三部之间经常互相残杀,并不时侵扰明朝边疆,直到公然杀害明朝使臣。为解除蒙患,永乐八年(1410)二月,朱棣亲率50万大军,北征鞑靼。第一次北征后,长陵工程告一段落,永乐十一年(1413)二月,仁孝徐皇后葬于长陵。翌年三月,朱棣发兵北征瓦剌,再度亲征漠北。成祖两次北征,大败鞑靼和瓦剌,长陵陵工也有序进行。永乐十三年(1415)陵工告竣。

永乐十四年(1416年)十一月壬申,明成祖决意迁都北京,"工部奏请择日兴工"，营建北京宫殿。明成祖"以营建事重"，"复诏群臣议营建北京"。十五年二月壬申，"命泰宁侯陈董建北京，柳升、王通副之"，管理工程的是朱棣的亲信太监阮安和工部尚书吴中。十八年九月丁亥，"诏自明年改京师为南京，北京为京师"。十一月戊辰，"以迁都北京诏天下"。北京郊庙宫殿，"通为屋8350楹，自永乐十五年六月兴工"，至永乐十八年（1420）十二月癸亥建成。

后石门王姓始祖王振宗，于永乐五年（1407）五月由山西洪洞奉诏迁后石门村，原本是为营建国都，由于长陵陵工在先，应该是自永乐七年（1409）至十三年（1415）先役陵工采石，永乐十五年（1417）六月营都开始，王振宗再役都城、宫殿采石，直到永乐十八年（1420）十二月癸亥建成。若非《培补坟茔碑记》，大石窝镇这段珍贵的采石史将不得而知。

当年，为营都迁入大石窝镇采石的民户不止王振宗一家，其他姓氏和迁入里居，有待进一步考证。

《培补坟茔碑记》主要记载王振宗后裔修补祖坟事。

王振宗迁入后石门村，即卜地立茔，历四百余年，到清同治初，坟前被水冲塌四五丈宽，八九丈长，两三丈深。数座坟冢冲毁，王昆墓碑不知去向。此后，历年风雨，坍塌日甚，春秋祭扫，冷落荒疏。王振宗十四代孙王宝三，找到二叔祖王昌邻商议培补祖坟。王邦邻叫来王宝臣，召集合族人等，他提议每年春秋祭祀，王氏家族男女老少相聚吃两顿饭，以后不再吃饭，省下来的钱用来培补坟墓。王邦昌指派族人中几个年少老成的主事，光绪七年（1881）春起，屡年培补，十几年间填沟、打坝、盖房、栽树、并立石碑、供桌、香炉，光绪十七年（1891）又经大水，坟前之沟洫未开，水上之堤防无恙。

碑阴

茔地四至：东至邢姓地塄，西二至北多半截至河；南头至张姓门口场边，南二至东多半截至坑片地地塄；西头至张姓地塄；北至北边小道。坟西边坝外地，昔有十四亩有余，当光绪十七年复经大水冲尽，是年报官有券。

经理人：十二代孙□授□品职衔邦邻、邦昌、邦贵。

主事：十三代孙守身、文生守勤书丹，守国、守春、守官、守常、守纲刻字，十四代孙宝三、□□生宝兴撰文，宝□、宝存。

同会合族

碑文考释

碑阴镌王姓家族墓四至和修缮祖茔经理人、主事人。

○五四　邢兆麟、妻于氏墓碑

民国十五年正月吉日

显高祖考际圣邢公讳兆麟偕配于太君墓

元孙福济立石

碑刻说明

民国刻。碑在后石门村。拓片高152厘米，宽68厘米。云首碑，碑额正书"于万斯年"。邢兆麟为前石门村人，卜葬后石门。无题，题为添加。

碑文考释

《邢氏家谱》外传："公讳兆麟，字际圣，国辅公次子也。赋性明聪，身材丰厚，奉先思孝，接下以恭。兆麟公克业埙篪，从无怍色。幼即苦心下帷，夙有远志，因嵌塞不遇，而公慨然曰：'吾不能青取荣名以光门第，而徒以家事累我父兄，余弗忍也。'于是不辞劳瘁，一切大小家政，公独任之。行事必观大体，不粘尺寸之计。厥后产业日增，渐进丰裕者，皆公之擘画也。待家人以雍睦，教子弟以诗书。迨锡等成立，而公恐安于小就，堂云：'吾于此事三折肱，其浅深甘苦余悉知。盖为山至于山，学海至于海。耳目之近者，不足以期远到也。'于是创立家塾，蒸蒸日上者，实公造就焉。至于好善乐施，睦姻任卹，得于见见闻闻者，人共悉知。无庸锡之赘述云。"

邢兆麟，字圣坚。乾隆七年（1742）十一月二十日生。高祖邢自立，娶艾氏，生子邢邦彦。曾祖邢邦彦，邑庠生，娶臧氏，生子邢瑞通、邢瑞达、邢瑞进、邢瑞遂。祖父邢瑞达，邢邦彦次子，娶朱氏，生邢国辅、邢国佐、邢国弼。

父邢国辅，字君弼，邢瑞达长子，娶李氏，生子邢起麟、邢兆麟。邢兆麟为邢瑞达次子，娶于氏，生三子：邢天锡，辛酉（1801）科拔贡候选教谕；邢天一，嘉庆庚申（1800）科举人，丁丑（1817）大挑二等选授大名府元城县教谕；邢天祐，岁贡生候选训导。

邢福济，字博卿，邑庠生，邢兆麟玄孙。曾祖邢天锡，字纯甫，号培园。辛酉（1801）科拔贡候选教谕。娶王氏，生子邢肇淇、邢肇霈。祖父邢肇霈，字霖皋，邢天锡次子，生于乾隆六十年（1795）四月二十九日巳时，道光乙酉（1825）科拔贡，己丑（1829）科考取汉军八旗教习，差满以知县任用，任江西万年县知县，归部铨选授钦加同知衔。娶新城孙氏、良各庄常氏，又娶王氏，子邢景耀、邢景堃、邢景彬。卒于光绪五年（1879）九月十八日丑时，享年84岁。父邢景耀，字德辉，号午亭。生于道光十三年（1833）正月初七日戌时。咸丰辛酉拔贡，就职教谕，委办海运，差满保用过般知县。娶永乐村杨氏，又娶东庄子殷氏。生子邢福济、邢福履。邢福济，邢景耀长子，生于咸丰十年（1860）五月十四日。娶刘氏，生子邢新铭、邢新镜。永乐村杨氏生邢新钟。

前石门

原叫石门村，明以后，村北头南泉水河北岸从山西迁来王姓家族，形成村子，叫后石门，石门村才叫前石门。

前石门村成村不晚于金代，邢姓为村中望族，也是该村最早居民。金泰和八年（1208）三月《张百琼建陀罗尼幢》："百琼娶焦氏，生二男一女：大男玠娶王氏，次男喜娶邢氏。"在云居寺唐代刻经题记中，也屡屡出现本地邢姓人士。据清代所修前石门《邢氏家谱》，邢氏祖先，由河间郡迁居此地，云已"数朝"。老谱记载历历，可惜为族人所毁。再修谱自清康乾始，只零星追溯到明代。

邢姓家族历来以读书为业，仅据散失家谱，明代邢氏有功名者10人，清初至康熙年间3人。此后到光绪三十三年（1907）变法停科为止，自天字辈至福字辈，4世发达，大小功名43人。前石门邢氏，与北尚乐杨氏，南尚乐田氏、康氏，高庄高氏，辛庄崔氏等名门望族，撑起一乡仕宦之风，在农商之外，另辟儒业，为乡里所效，而邢氏为一方之最。清代中晚期大石窝镇的碑刻，多为邢氏族人撰文或书写。

本卷收录前石门6件：清代3件、民国3件，其中收录碑文4篇、墓题2则。

○五五　邢府君号达泉偕配孟氏太君之墓

邢府君讳肇源，号达泉，乃笃周公之季子也。一生实迹未获尽知，故难追述。盖闻孟太君安详淑慎，太有钟郝之风，相夫敬老随咸宜，犹有脱乎人者。俭朴无华，端庄素裕，勤忍自安。乃历之久而不变，有造于邢门者，不亦大欤？乃至中岁，家道莆疏，劳心劳力，未尝半步履坦途。虽时势维艰，而平素持斋行善，并无片念之或疏。半生来洗心涤虑，甘苦备尝。年度五旬，竟无病而终矣。所留二子，冡男儿孙繁衍，惟次男子女皆无。每念先人之实迹，非勒碑不能永垂后世。夫有志未逮而遽尔人亡，子妇刘氏守苦节，当苦境，秉心继故夫之志，而努力经营。太府君有灵，庶几鉴焉。

孝妇刘氏奉祭

大清光绪二十三年岁次丁酉六月谷旦

碑刻说明

清刻。碑在前石门村。拓片通高110厘米，宽38厘米。无题，题为添加。

碑文考释

碑载："邢府君讳肇源，号达泉，乃笃周公之季子也。"

考前石门村《邢氏家谱》：邢天祐，字笃周，号诚斋。候选训导。邢兆麟第三子。生于乾隆四十四年（1779）正月十七日。娶涿州里池村张氏，生三子：邢肇泗、邢肇淮、邢肇源。

邢肇源，字达泉，随大伯父次子、堂兄邢肇霈在江西平长毛，授六品军功。娶北甘池孟氏，生子邢景安、邢景恒。此碑为邢景恒妻刘氏于光绪二十三年（1897）六月立。

〇五六　邢公号北山之墓

邢公讳景恒，号北山。乃达泉公之次子也。素闻童年就学，诵诗读书，□□□□□□取之资。乃境遇实属不堪，虽有志进修而无力培植，故年当□□□□□□□□余载，耕耘自力，莫惮其劳，犹有志于自然者，严慈弃世，而要必近□□□兄□□□而要必迁回故里。乡邻有斗，而犹能徘难解纷，戚友五呈而犹能□□□□□□嘉其才足羡，而其生平之概尤堪肃静门闾，乃年度四旬家道渐□□□虽□□□入无恒以为虑矣。平素间洒扫庭除而释闷忧，游集市以舒怀。明□□□□□□□□寿而奈何，偶染时疫而殁欤。窃叹此情此景，凄凉寡助，孤苦谁胜？□□□□□□□以处之□犹必尽哀尽礼，秉心□欲对夫君也，自兹以行柏舟自守□□□□□□□其志述其事，以尽夫妇之情。夫君有灵，应在九泉下以体深心焉。

妻刘氏率承嗣侄孙新庚奉祀

光绪二十四年岁次戊戌三月谷旦立

碑刻说明

清刻。碑在前石门村。拓片通高99厘米，宽35厘米。碑额正书"树碣垂名"。无题，题为添加。

碑文考释

前石门村《邢氏家谱》：邢景恒，字本山，邢肇源之次子，娶娄子水刘氏，无子，孙一，以邢福隆次子新庚为嗣。邢福隆，邢景恒之兄邢景安长子。此碑为邢景恒妻刘氏于光绪二十四年（1898）三月立。

〇五七　禁伤茔树告白

伏以茔地为先祖凭依之所，供与守者在子孙。树本为先茔拱卫之资，戒凌夷者先。稽牧必使发荣茂长，断叨庇护于无穷，□弗残损毁伤，致被灾殃于莫测。本村东南各茔林木素茂，乃有不法匪徒委入樵采，肆情牧放，屡戒不悛，殊堪痛恨，用特公议严禁。自禁之后，共须加意保护，倘再有人任意牧□□□牲只，前往作践，一经察觉，重则典送公堂，轻则按条责罚，□□警悟而儆效尤。嗟呼，身为人子，谁无田庐之思，凡我同宗，宜切松楸之念，谨垂珉石，用示将来。

故将□□残毁树木罚规条列于后：

骡马□牛入坟牧放，罚钱贰吊。

羊群猪群入坟牧放，罚钱肆吊。

无论大小□□入坟伤树，罚钱壹吊。

光绪二十六年正月谷旦邢氏阖族公立

碑刻说明

清刻。碑在前石门村。拓片高83厘米，宽50厘米。

碑文考释

据《邢氏家谱》，邢氏原有老坟。清初邢氏卜茔于前石门村南，临西坡，两亩，葬邢自立以下三世，两世功名发达。此后，另卜此茔东立茔，有地六亩，此茔在前石门村东南，此即光绪二十六年（1900）正月《禁伤茔树告白》所指邢氏坟茔。此为房山区古代唯一私立告示，足见前石门邢氏家族在清代的显赫家势。

○五八　邢景耀及妻杨、殷氏墓碑

外盘亥山巳向

敕授修职郎辛酉拔贡候选教谕邢公午亭讳景耀偕配杨、殷太君之墓

阳男附贡生福济、福履奉祀

中华民国四年春吉日

碑刻说明

民国刻。碑在前石门村。拓片通高143厘米,宽57厘米。碑额篆书"本支百世"。无题,题为添加。

碑文考释

前石门村《邢氏家谱》:

邢景耀,字德辉,号午亭。生于道光十三年(1833)正月初七日戌时。咸丰辛酉拔贡,就职教谕,委办海运,差满保用过般知县。

高祖邢国辅,字君弼,邢瑞达长子,娶李氏,生子邢起麟、邢兆麟。

曾祖邢兆麟,字圣坚。邢瑞达次子,乾隆七年(1742)十一月二十日生,娶于氏,生三子:邢天锡,辛酉(1801)科拔贡候选教谕;邢天一,嘉庆庚申(1800)科举人,丁丑(1817)大挑二等选授大名府元城县教谕;邢天祐,岁贡生候选训导。

祖父邢天锡,字纯甫,号培园。辛酉(1801)科拔贡候选教谕。娶王氏,生子邢肇淇、邢肇霈。

父邢肇霈,字霖皋,邢天锡次子,生于乾隆六十年(1795)四月二十九日巳时,道光乙酉(1825)科拔贡,己丑(1829)科考取汉军八旗教习,差满以知县任用,任江西万年县知县,归部铨选授钦加同知衔。娶新城孙氏、良各庄常氏,又娶王氏。子邢景耀、邢景垫、邢景彬。卒于光绪五年(1879)九月十八日丑时,享年84岁。

邢景耀娶永乐村杨氏,又娶东庄子殷氏。生子邢福济、邢福履。

邢福济,字博卿。邑庠生。邢景耀长子,生于咸丰六年(1856)八月二十二日。娶刘氏,生子邢新铭、邢新镜;永乐村杨氏生邢新钟。民国二十七年(1938)十月二十一日未时卒。

邢福履,字赞卿,廪贡生。邢景耀次子,生于咸丰十年(1860)五月十四日,娶兰营刘氏,民国十七年(1928)七月初十日卒。

○五九　邢肇霈及妻常、孙、王氏墓碑

中华民国十年正月吉日

清授奉政大夫显祖考邢公讳肇霈字霖皋府君，封宜人显祖妣常、孙、王太君之墓

孙男附贡生福济、福履，福益、福有、福丰、福颐、福萃立石

碑刻说明

民国刻。碑在前石门村。拓片通高150厘米，宽60厘米。碑额楷书"世代绵延"。无题，题为添加。

碑文考释

邢肇霈，字霖皋。

高祖邢瑞达，邢邦彦次子，娶朱氏，生邢国辅、邢国佐、邢国弼。

曾祖邢国辅，字君弼，邢瑞达长子，娶李氏，生子邢起麟、邢兆麟。

祖父邢兆麟，字圣坚。邢瑞达次子，乾隆七年（1742）十一月二十日生，娶于氏，生三子：邢天锡，辛酉（1801）科拔贡候选教谕；邢天一，嘉庆庚申（1800）科举人，丁丑（1817）大挑二等选授大名府元城县教谕；邢天祐，岁贡生候选训导。

父邢天锡，字纯甫，号培园。辛酉（1801）科拔贡候选教谕。娶王氏，生子邢肇淇、邢肇霈。

邢肇霈为邢天锡次子，生于乾隆六十年（1795）四月二十九日巳时，道光乙酉（1825）科拔贡，己丑（1829）科考取汉军八旗教习，差满以知县任用，任江西万年县知县，归部铨选授钦加同知衔。娶新城孙氏、良各庄常氏，又娶王氏。子邢景耀、邢景堃、邢景彬。卒于光绪五年（1879）九月十八日丑时，享年84岁。

邢景耀子邢福济、邢福履。

邢景堃，字子厚。道光十四年（1834）八月十三日生，娶卢沟桥王氏，无子，以弟景堃子邢福益承嗣。

邢景彬，字子均。道光庚子年（1840）八月三十日寅时生，中书科中书，改江西试用知县，先后署理都昌、广昌、余千、崇仁、湖口、泸西六县，以外差委不计。娶房山城马家胡同马氏，子邢福益、邢福有、邢福丰、邢福颐、邢福萃。光绪乙未年（1895）卒。

邢福济、邢福履略。

邢福益，字赞卿，监生。邢景彬长子，生于咸丰八年（1858）八月初八子时，承伯父景垫为嗣。娶白马庄张氏，子新镇、新正、新铨。

邢福有，字砚田，捐县丞。邢景彬次子，同治丁卯年（1867）十月二十二日子时生，娶杨驸马庄绳氏。以弟福丰子邢新培为嗣。光绪十八年八月四日卒。

邢福丰，字淑臣，号玉田。捐江西县丞。邢景彬三子，生于同治十三年（1874）三月十八日子时，娶顺天府大兴顾氏，子新培。民国三十六年（1947）冬卒。

邢福颐，邢景彬四子，生于光绪丙子年（1876）二月十九日，娶广西武昌县萧氏，以弟子新镛为嗣。

邢福萃，邢景彬五子，湖北试用通判。生于光绪己卯年（1879）十月十九日，娶宛平县温氏，子邢新镛。

邢姓为大石窝镇望族，祖籍河间（今河北省沧州河间市）。原有老谱，记载分明。

○六○　邢氏先茔碑

自古择地立茔，原为葬亲求安，子孙昌盛，富贵绵长。若堂前有穴，永无迁移。孙尝闻，曾祖纯甫公为嘉庆辛酉拔贡，候选教谕。祖霖皋公为道光乙酉拔贡，考取八旗汉教习，差满特授江西万年县知县，钦加同知衔。父午亭公讳景耀，为咸丰辛酉拔贡，就职教谕，充任海运，差满保用过般知县。金曰可谓一门鼎盛，克绍家传矣。卒因堂前地隘，厘设一虚冢，在南水泉立新茔。仲叔子厚公讳景垫，先殁时无子，葬于堂右，以福益承祀。季叔子均公讳景彬，由中书加捐指省江西试用知县，署理都昌等处知县。卒在杏树园立新茔。故勒碣石。是为志。

邑庠生年七十一岁长孙福济谨序并书丹

碑刻说明

民国刻。碑在前石门村。拓片通高150厘米，宽59厘米。碑额双勾题"源远流长"。碑为邢肇霈孙邢福济立并撰文书丹。无题，题为添加。

碑文考释

"曾祖纯甫公"，邢福济曾祖邢天锡，字纯甫，号培园。为辛酉（1801）拔贡，候选教谕。

"祖霖皋公"，邢福济祖父邢肇霈，字霖皋。道光乙酉（1825）拔贡，考取八旗汉教习，差满特授江西万年县知县，钦加同知衔。

"父午亭公讳景耀"，邢福济父邢景耀，字德辉，号午亭。咸丰辛酉拔贡，就职教谕，充任海运，差满保用过般知县。

"仲叔子厚公讳景垫"，邢福济二叔邢景垫，字子厚。无子。

"季叔子均公景彬"，邢福济三叔邢景彬，子均。由中书加捐指省江西试用知县，先后署理都昌、广昌、余千、崇仁、湖口、泸西六县。

邢福济等在前石门杏园立新茔，故立此先茔碑为记。

邢姓为前石门望族，祖籍河间郡（今河北省沧州河间市）。原有家谱记述分明，可惜在清乾隆十一年（1746）前，残于邢瑞连之手，故其迁于何年不得而知。

北尚乐村禅房寺，大金泰和八年（1208）三月《张百琼建陀罗尼幢》："百琼娶焦氏，生二男一女：大男玠娶王氏，次男喜娶邢氏。"由北尚乐先民张百琼第二子张喜娶邢氏，可见前石门邢姓始祖自河间迁到前石门定居，不应晚于金代章宗时期。

乾隆十一年（1776）邢自立玄孙邢兆麟，根据残谱记录下"自"字辈以上明代邢氏先祖有功名者10人：

邢官骏，武孝廉。邢为霁，号晴，字寿天，优廪生。邢为电，优贡，朝考一等副取以知县，任四川华阳知县。邢为龘、邢为霆，武生。邢佶，万历丁酉年（1597）拔贡候选教职。邢偲，增生。邢侣，武生。邢光斗，崇祯元年（1628）

恩科副榜。邢光登，崇祯元年恩科举人。

清初至康熙年间3人：

邢僖，清初副榜。

邢邦彦，庠生。

邢瑞远，庠生。

清嘉庆四年（1799）三月，邢兆麟子邢天锡"访诸族人，据所见纂辑其上世……自锡以上仅述五代，其别派者各为一支，说为图系，后为小传，有卓茂者另为外传"。重修《邢氏家谱》。清光绪三十三年（1907），邢天锡孙邢景耀续修，自天字辈至福字辈，到光绪三十三年（1907）变法停科为止，4世发达，大小功名43人，均为邢国辅一支。

天字辈4人：邢天锦、邢天馥，邑庠生。邢天锡，嘉庆辛酉（1801）科拔贡，候选教谕。邢天祐，岁贡生。

肇字辈9人：邢肇濂、邢肇洺，岁贡生。邢肇溥，邑庠生；邢肇淇，岁贡生，候选训导。邢肇霈，己丑（1829）科考取八旗汉军教习，差满以知县任用，任江西万年县知县，归部铨选授钦加同知衔。邢肇瀚，岁贡生，候选教谕。邢肇潮、邢肇江，增生。邢肇源，六品军功。

景字辈12人：邢景运、邢景观、邢景煦，邑庠生。邢景彬，中书科中书，改任江西试用知县，先后署理都昌六县。邢景奇、邢景文，监生。邢景贤，供事。邢景鹊，从九品。邢景恕，六品军功。邢景容，增生。邢景耀，咸丰辛酉拔贡，就职教谕，委办海运，差满保用过般知县。

福字辈18人：邢福同，六品军功。邢福佑，增生。邢福保，岁贡生就职候选县丞。邢福澄，监生，山东河工保举县县丞。邢福萃，五品衔，湖北试用通判，供事。邢福绵，从九品。邢福鼎，由供事议叙典分发湖北试用，改通判。邢福丰，玉田县丞，分发江西试用。邢福益、邢福豫，监生。邢福有，县丞分发江西试用。邢福济，附贡生。邢福履，岁贡生。邢福龄，邑庠生捐鸿卢寺续班詹事。邢福林，府学增生。邢福沄，国史馆供事，议叙府经历。邢福荫，邑庠生。

新字辈1人：邢新镜，邑庠生。

下营村

原本是大石窝石厂的铁匠营。铁匠营有两座，一座在石厂西南，另一座在下营，下营这座铁匠营，习惯称"下营"，久而久之，便成了地名。随着明代大工，佟、雷、何等姓来下营的铁匠营服役，繁衍子孙，就地定居下来，成为聚落。下营村的名字最早出现的石刻上，是在清乾隆十八年（1753）《京都顺天府房山县石窝镇重修火神庙题名碑记》，碑文中记载有下营村雷兴云、赵良等三人的名字。其成村年代，应和石窝村相近，随着明王朝的覆灭，下营村的铁匠就铁匠营盘定居下来。其成村年代，应在清初。下营村泉文化有上千年历史。真大道三祖弟子举师赵希元，大约在金章宗时期，在泉水附近的辛庄村创建道观灵泉庵，依泉修道。村西北万泉山下有万泉庵。民国二十五年（1936），河北省农田水利委员会，分别在下营村西、西北，开凿"房山富民第一泉""房山富民第二泉"并立碑。

本卷收录下营碑刻3件：清代2件、民国1件，其中收录碑文2篇、泉题1则。

〇六一　万泉庵重修碑

房邑石窝西北曰万泉山，山下伏泉，盛沸渟泓数十处，中建大士庵，故以万泉名其庵云。山门宛然，古柏仅存。庵之废久矣，有断碣重修于前朝隆庆之代，不知何朝创建也。岁久迹湮，四乡首事者议更兴之，苦无钱，伐柏木卖之，前后得钱四百余缗，贷而收其息，数岁倍之，决志重修矣。鸠工需，庀材用，仍此虑□功之浩也，迁延而未举。有行僧号源明托钵至此地，露宿山门下，本木而诵佛号，泉现连旦。如是者旬月，四乡咸其诚而各发所贮钱建佛殿，第禅房，工未半而赀尽，源明既然誓："十载募成。"□问月余，助者竟寡。源明志益坚，刺刃腕间，闻者惊惋，于是首事诸君亦□其中辍也，分乡协募，不日得百余金，遂力丹其楹，采其椽，坐大士于莲台，图灵应显迹于壁，楼台门墙，次第藏事。噫！首事者功既成矣，力既勤矣。顾兹庵久画以定，树数株而兴，得源明愿心而成其有数，存乎百年颓基，弹指而兰若涌现，个柏木仍余，□株掩映，庭宇透迷，昔时其泉有然相乎。夫佛氏以慈悲为教，大士灵应普济，无人人之敬信，仰慕瞻礼，于兹者觉迷津，登宝筏，其慈悲亦若其泉之不自地而溢也。故□手而为之记。

本邑前石门村庚申举人邢天一撰文，廪膳生邢肇需正书丹。

隗大兴施□树□，张连德施钱□千文，庠生周霖施钱□千文，

魏成兴放钱拾千文，高进忠施钱壹千文，贡生邢天锡施钱□千文，梅自立施钱壹千文，高廷□施钱贰千文，庠生邢天馥施钱陆千文，张连宽施钱壹千文，雷文远施钱叁千文，王□楷施钱贰千文，郝明玉施钱壹千文。

大清嘉庆廿三年岁次戊寅孟冬月吉日立　住持僧源明　山西崞县王清泰、王树本镌字

碑刻说明

清刻。在下营村西北万泉山。拓片通高167厘米，宽69厘米。碑额正书"万古流芳"。无题，题为添加。

碑文考释

万泉庙，在石窝西北万泉山，本奉观音，因地名寺，故名万泉庵。此庵创于明，"有断碣重修于前朝隆庆之代"，可见创建时间应该早于明隆庆。清嘉庆年间，山庵倾圮，村民把庵中古柏伐掉，卖钱四百余缗，借贷生息，以为重修之资。因资金不足，一直未能兴工。僧人源明托钵至此，露宿山门，背树而坐，大诵佛号，泉现连旦，泉水一直流涌十个月，四乡信众，为源明诚心所感，纷纷施出积蓄，捐给源明建庙。刚刚建完佛殿，续建禅房，钱就用完了。源明募捐，发心十年建成。结果募捐月余，施者寥寥，源明刺腕出血，乡民大为所动，首事人分乡募捐，嘉庆二十三年（1818）万泉庵终于落成。

邢肇霈，本地前石门村人，字霖皋，邢天一兄邢天锡次子，邢天一侄，生于乾隆六十年（1795）四月二十九日巳时，道光乙酉（1825）科拔贡，己丑（1829）科考取汉军八旗教习，差满以知县任用，任江西万年县知县，归部铨选授钦加同知衔。

〇六二　重修万泉庵碑记

盖闻人之所默佑者惟神是祈，神之所冯依者惟庙是格。庙者貌也，所以仿佛神佛之容貌也，故欲敬神必先修庙。即房山邑石窝西北万泉山懷有庙，名万泉庵，其庙创自何年，久不可考，因读立碑，知于前明隆庆之代，以及本朝嘉庆年间，虽经两次重修，殆日月云迈，风雨摧残，墙壁不无闪蹋，椽瓦不乏折伤。石窝住持僧名然定，暨四乡首事者遇而悯之，不忍坐视，邀集一堂，意欲重修。奈功之浩也，仍虑功难独成。事之繁也，殊觉事难独理。是以劝勉八村厚破赀财，共襄盛举。各村人等无思不报，不日捐赀统计得二百余缗，诸君遂即鸠工，

需争前恐后，无党无偏，庀材用，原始要终，有条有理，既而丹其楹，采其椽，坐大士于莲台。将见耳目一新，不啻星云之纥缦也。冠裳一变，不啻黼黻之彰施也。且也山色玲珑，翠映佛门之外。水光潋滟，声流佛座之前。堂哉，皇哉！何其盛哉！兹则功既竣矣，庙即成矣，人之景仰是庵，未尝不美而赞之曰："首事诸君协力重修，此非第有数存也，盖亦有默相矣。"夫佛氏以慈悲为教，大士灵就应普济，无人不敬信钦承之，其灵爽亦欲与日月增光，河山并寿也。于是勉强为文以谨志。

即选州判光绪甲申恩项邢景高撰文

即选教谕咸丰辛酉选拔现调办海运邢景耀命子庠生邢福济代笔书丹

八村经理人

本邑后石门王守□、王守□敬镌　住持道人高进财

大清光绪十五年岁次己丑仲夏之月旦立

碑刻说明

清刻。在下营村西北万泉山。拓片通高164厘米，宽62厘米。碑额正书"取人以善"。

碑文考释

万泉庵创于明，清嘉庆二十三年（1818）源明重修，光绪十五年（1889）住持僧然定重修，此碑记载然定重修经过。

邢景高，本地前石门人，光绪甲申（1884）恩贡。

邢景耀，字德辉，号午亭。本地前石门村人，邢肇需长子，生于道光十三年（1833）正月初七日戌时。咸丰辛酉拔贡，就职教谕，委办海运，差满保用过般知县。

邢福济，字博卿，邑庠生，邢景耀长子，生于咸丰六年（1856）八月二十二日，民国二十七年（1938）十月二十一日未时卒。

碑阴

聚兴局、双和公、福森盛、聚和成、瑞和成、万丰恒、源隆粉房、福兴公、

玉升德、刘粉房、夏顺肉铺、同兴号、福顺局，各施钱七千。赵盐店、衡玉号、恒盛酒店、冀松年、刘惟□，各施钱二千。义泰昌、天顺号、丁□□、续□□、丁□、王桂荣、刘殿贤、石玉琢、李永财、裕成号、世德堂、霍进禄、温泰衡、泰和堂、泰衡局、全兴席店、瑞兴席店，各施钱一千。雷泰施钱五千，佟国山施钱三千，雷永祥、雷发、何祥，各施钱一千五百。佟国治、佟国泰、佟国安、何衡、何春，各施钱二千。唐德、雷安、雷瑞、隗荣玉，各施钱一千。邢景高、邢景耀、邢福全，各施钱二千。邢福谦施钱一千五百文。邢肇和、邢景旺、邢景福、邢景恒、邢景容、邢肇章、邢福同、邢福益、邢福百、张安、张福庆，各施钱一千。王邦屏、王邦达、王守矩、王建、王建春，各施钱二千。王邦立、王宝珠、王琳、王邦昌、王邦都、王之相、王之纲、王之仁、王之公、王永贵、王宝□、王建兴、王建本、王守德、王之泽，各施钱一千。周之才施钱五千。高廷献施钱一千。周瑞、周永富，各施钱二千。周启花、周永耀、周永义、周永寿，各施钱一千五。周永春施钱千四。周永才、周永禄、高廷连、高凤双、高自本、高廷章、高永功、高凤之、高凤楼、高凤纪、高永□、高永具、高玉□、周永发、周永福、周永昌、高纪辅、杨兴□，各施钱一千。高凤义施钱四千。周玉、周义、张□林、高永官、高永立、高永山、高永瑞、高凤亮、高凤□、高福山、高福财、高福来、高峰、高福贵，各施钱一千。张维清、张湘、张法、张㵅、张涛、张潞、张九明、张维道、张玉，各施钱一千。赵凤祥、赵成安、赵景山、赵中□、赵□□、赵□□、赵□、何景安、何祥，各施钱一千。赵盛文施钱□□千。赵□施钱拾捌千。石窝村，施钱十一千。张清、张玉，各施钱十四千。灯会施钱十五千。何□施钱十三千。高凤纪施钱七千五百文。周红、高凤亮、高凤□各施钱十五千。邢景正、邢福全各施钱十五千。

碑文考释

碑阴记载聚兴局、双和公、福森盛、聚和成、瑞和成、万丰恒、源隆粉房、福兴公、玉升德、刘粉房、夏顺肉铺、同兴号、赵盐店、衡玉号、恒盛酒店、义泰品、天顺号、裕成号、世德堂、全兴席店、瑞兴席店21家商号，为研究大石窝镇清代晚期商业提供了难得的史料。

此次修庙，施助信众达130人。

○六三　房山县富民第一泉碑

中华民国二十五年 月 日

房山县富民第一泉

河北省农田水利委员会凿修

碑刻说明

民国刻。现存于大石窝镇下营村，砌筑于富民第一泉泉池西侧石墙上。碑呈长方形。碑高79厘米，宽29厘米，厚度因砌于墙内，无法测量。其中大字长8厘米，宽7.5厘米；小字长5厘米，宽4厘米。

碑文考释

河北省农田水利委员会，由国民政府河北省政府主席徐永昌于民国十八年（1929）设立，机构设在保定，直属华北水利委员会。民国十九年（1930）裁撤，民国二十三年（1934）复设。

民国二十三年（1934）10月20日，华北水利委员会召开全体大会，会议决定开展凿泉建设，由河北省农田水利委员会组织实施。

房山县的凿修泉池工作始于民国二十四年（1935）12月。河北省农田水利委员会派凿泉筹办员调查房山县泉苗19处，11处列入开凿计划书，分别是羊头岗北泉、瀑水泉、朱各庄村东泉、天开村南泉、下营村西泉、下营村西北泉、三座庙村南泉、西峪寺泉、北甘池西泉、周口店北泉、南岗洼泉。而真正实施开凿的9处泉池，只有下营村西泉和下营村西北泉列入《河北省农田水利委员会第二届筹办凿泉成绩书》。

民国二十五年（1936）4月，派赵鸿程、刘钟麟前往房山，商讨凿泉事宜，最终确定开凿9处泉池。根据《河北省农田水利委员会第三届成绩书》记载考证，9处泉苗5处在今大石窝镇，4处在今长沟镇西甘池。浚渠1195丈，建洗衣池一处，建汲水池一处。共用款二千一百七十四元三角零二厘。

大石窝镇5泉分别为，房山县宜民第一、二、三、四、五泉，开凿顺序基本情况如下：

房山县富民第一泉，旧称下营村西泉。池为不规则长方形，面积一亩二分，水出五十丈流入干渠，下游十六村引用。扩充旧池面积五分，凿为七分，先用土工清理，继用炮药轰石，并砌池建闸。4月17日开工，6月17日竣工。每分钟出水320立方尺，可灌田三千余亩。开池、砌池、建闸、浚渠、购地，共用款五百零五元二角八分三厘。

房山县富民第二泉在下营村西北，旧称万泉庵泉，池广四分五厘，水出十五丈有余，注入干渠，下游十六村引用。先挖三分，继凿一分五，里灰石砌池，池口建闸，民国二十五年（1936）4月20日至5月13日，6月8日至6月25日开凿。每分钟出水183立方尺，灌田1756余亩。开池、砌池、购地等，共用款二百五十三元二角六分六厘。此泉碑已佚。

高庄村

在下营村北、前后石门村以西，为大石窝镇采石聚落之一。成村于明永乐五年（1407）。高姓为村中望族，《高氏家谱》记载：高氏"原籍本山西省洪洞县城内槐树胡同人氏，自大明永乐年间，迁至房邑高家庄"。

考明史，永乐四年（1406）闰七月，成祖朱棣下诏，翌年五月建北京宫殿，分遣大臣采木于四川、湖广、江西、浙江、山西，并命督军、民、匠造砖瓦，征天下诸色匠，选河南、山东、陕西、山西、直隶军士、民丁，明年五月俱赴北京听役。高姓先祖，应是永乐五年（1407）五月，奉旨携带一家老小，由山西洪洞县大槐树下，长驱670公里，来到房山怀玉乡独树里黄龙山东麓定居下来，后来以高姓为主形成村落，名叫高家庄，今称高庄。一同从洪洞县大槐树下奉王役而来的，还有王振宗一家，他们在高庄村东北定居下来，形成村落，因村前有石门村，故名后石门村。高姓先祖落脚后，与后石门王姓先祖，一同参与了十三陵长陵和北京都城营建。高庄村与后石门村，成为明初大石窝开采汉白玉的历史见证。

高庄村西北有白玉塘，为辽金以降历代大工采石遗迹。有大泉数眼涌出，自西北经四座庙、万泉庵北，灌稻田三顷余，产稻甚美，俗谓玉塘米。清顺治时，设御米庄头于此，拨满族庄户迁居高庄村，派旗营在此驻守，故高庄村一部分村民为清初满族移民的后裔。

民国二十五年（1936），河北省农田水利委员会，分别在高庄村南，自西而东，开凿"房山富民第三泉""房山富民第四泉""房山富民第五泉"，并立碑。

本卷收录高庄村碑刻8件：明代2件、清代4件、民国2件，其中收录碑文5篇、碑阴题2则、墓题1则、泉题2则。

○六四　重修二郎庙记

赐进士出身工部屯田清吏司主事袁奎撰文

二郎庙创始莫考，所自今内监德斋傅公、南松吴公乃重修也。先是，万历十有三载肇建寿域，维本工事体至紧且巨，非清修而才小心忠勤者莫称斯任，故命公提督，真殊简也。公受任三载，夙夜匪懈，惟慎惟敏。近大工且就绪，睹者巍然赫然，龙蟠凤围，如琼如琇，厥才罔不孔良，皆公等力也。乃公犹歉焉不自居，间语与奎曰："维天地间，幽则有鬼神，明则有人。故凡率作兴事者，非人罔因，非神罔依。彼周王以民力为台为沼，犹且归功以灵，厥有自已。兹役也，岂专人力哉？旧故有二郎庙，居白玉塘之左，颓朽弗治，予甚戚焉，爰损赀俾修理之，丹漆黝垩，举以法，故且焕然新焉。公其为记之何如？"予闻而叹曰："兹役也，劳而不居，谦也。有而能施，义也。昭报神休，仁也。克成王事，忠也。一举而众善具焉，足以志已。况予亦幸而乐观厥成者也。"乃不辞而书之如此。

万历十八年岁次庚寅仲夏五月吉日立

镌字匠高进忠

碑刻说明

明刻。在高庄村白玉塘。拓片通高213厘米，宽78厘米。碑阴高144厘米，宽78厘米。碑额双勾题"重修二郎庙记"。

碑文考释

此碑记载明万历十八年（1590）重修二郎庙经过：二郎庙始建年代不详，依形成分析，不会早于明初，万历十八年（1590），内官监太监傅钦字德斋、吴

忠字南松施钱重修。

碑文称："万历十有三载肇建寿域，维本工事体至紧且巨，非清修而才小心忠勤者莫称斯任，故命公提督真殊简也，公受任三载，惟慎惟敏。"

肇建寿域，指营建神宗定陵。考文献，明定陵自万历十二年（1584）十一月开工营建，十八年（1590）六月完工。由《重修二郎庙记》可知，营建定陵的汉白玉，取自大石窝镇的白玉塘。碑文既称"万历十有三载肇建寿域，维本工事体至紧且巨"，开采工程，应从万历十三年（1585）开始，钦差提督工程的为内官监太监傅钦、吴忠等，从"受任三载"看，二人在大白玉塘督石三年时间。定陵于万历十八年（1590）六月完工，《重修二郎庙记》立于定陵完工前一个月，所以碑文称"大工且就绪"。陵工将竣，傅钦、吴忠见白玉塘边的二郎庙"颓朽弗治"，"爰损赀俾修理之，丹漆黝垩，举以法，故且焕然新焉"。

碑阴

钦差督理物料工部侍郎王友贤、李辅、曾同亨

钦差工部都水清吏司郎中铁世林

屯田清吏司员外郎宁化龙、任可容

主事易登瀛、沈修、沈季文、陈志顺、李瑞

钦差兵部职方清吏司主事李观光、马化龙

工部委官经历程朝用、判官刘魁新，县丞石弘道、典史郭汝孝

所丞夏维亨、大使张珩，作官顾言、裴相

钦差提督工程内官监太监傅钦、吴忠、马朝、张皋、刘吉、陈寿

掌内司房事监丞靳保、曹禄

监工官崔让、邢用、焦广、尹进

所官文思院副使张强、安保，省祭官洪雨、常承恩

匠头李宗禹、杨汝山、蒋文思、杨连廷、杨琦、崔虎、张志文、崔堂、张汝楫、陈居敬、崔汝宁、张三善、崔汝安、高尚忠

碑文考释

碑阴记载工部、兵部、内官监、临工官、文思院副使、匠头等督石大小官

员和匠人的名字，为研究定陵陵工大石窝采石留下珍贵史料。其中，临工官和匠头，应该是当地人。工部、内官监督理采石是明代兴大工的惯例，兵部参与，是因在采石现场动用了大量军队。

○六五　玉皇塔圣像记

伏闻上帝者，其教亦人间一大人也。功行圣意，万劫而□□此大果，虽位居于昊天之上，而像貌每留于人间，非欲□□奉也，实欲人睹圣像之俨然，启上达之善念；又非欲人亦证斯□也，实欲葆本来之面目，亦可叨上帝之栽培。庶善果同登，轮回罔堕。上帝之贻像于人间，其功行又可胜道哉？兹大石窝北有白玉塘，其北山麓有玉皇塔一座，不知肇自何年，偎云其塔之□□檐角，每至元旦日则塔之一角必焕一新，此非神功默然为更换乌能若是也？附近居村瞻礼之下，靡不悚然生敬畏之心，实我房之一奇观胜概也。因内有玉皇塑像，各村善人王添洋等无可摅诚共赴虔念，会积岁粮，易以白玉石像一尊，复开路径一道，厥工告竣，谨至于嗣此之修葺，他年之扩广不无有望于后贤云。

钦差督理三山内官监太监赵升

提督太监刘惠

堂厂信官王之佐

南上乐村省祭官田自新撰文

大明崇祯七年岁次甲戌三月吉日立石

碑刻说明

明刻。在高庄村白玉塘北山玉皇塔下。拓片通高148厘米，宽76厘米。碑额双勾题"万古留芳"。

碑文考释

玉皇塔，在高庄村白玉塘北山之巅，辽代建，原为佛教舍利塔，后世在塔内塑玉皇大帝像。此像的塑造年代应该在明初。明宣德三年（1428），怀玉乡独树里新庄村（今大石窝镇辛庄村）隆阳宫道士陈风便与正一道士王至玄以及其他信士官员共同募刻了道教的《玉皇经》。包括《高上玉皇本行集经髓》《太上洞玄灵宝高上玉皇本行集经》《玉皇本行集经纂》《无上玉皇心印经》等四部，共刻石8块，送至房山石经山，贮藏于第七洞，这也是房山石经唯一的道经藏洞。陈风便还刻《玉皇宝诰》一方，镶于石经山崖壁。玉皇塔内的玉皇大帝像抑或宣德三年（1428）陈风便所为。

据此碑记载，明末的崇祯七年（1634）春，乡民王添洋等捐粮，换一尊白玉石像，替代了原来的塑像。明以前，应无玉皇塔之称，此名称应因明代在塔内安奉玉皇大帝像而得。

此碑留下钦差督理三山内官监太监赵升、提督太监刘惠、堂厂信官王之佐等督石太监的名字，说明直到明末崇祯七年（1634），朝廷仍兴大工，在石窝镇采石。

碑文称"易以白玉石像一尊"，说明直到明末，大石窝镇温润如玉的美石仍称"白玉"，尚无"汉白玉"之称。

王之佐墓，在房山区青龙湖镇王安墓园内。《玉皇塔圣像记》之碑立三年后，即崇祯十年（1637），王之佐在提督宫内两司房任上去世，葬于司礼太监王安墓侧。

王之佐，字信吾，顺天府东安县（今廊坊市安次区东安乡）人。天启元年（1621）进宫，继为司礼监掌印太监曹熙寰名下。天启二年（1622），王之佐调往兵仗局。崇祯初年，授乾清宫暖阁近侍。崇祯五年（1632），奉敕着做打印牌子，轮流捧剑随朝。崇祯六年（1633），提督上林苑监。上林苑监始置于永乐年间，初为十署。宣德十年（1435），定为良牧、蕃育、林衡、嘉蔬四署，分布于京郊四周。其中西郊的林衡署管辖范围最大，包括今之石景山、房山等地。崇祯八年（1635），王之佐掌尚衣监印，寻授乾清宫管事。翌年，提督宫内两司房。崇祯十年（1637）正月二十二日，王之佐去世。他生于万历十九年（1591）八月十八日，年仅47岁。当月二十五日，南司房张文质、入教司房慈有方等太监，奉旨谕祭二坛。《玉皇塔圣像记》款属可知，王之佐在崇祯末，曾在石窝石厂任掌厂太监。

○六六　高朗及妻武氏、齐氏墓碑

康熙五十五年恩诏贡生　于雍正七年

特授直隶正定府栾城县儒学教谕原品休致高公讳朗偕原配武氏、继室齐氏合葬之墓

孝男生员□元，孙□臣、□□、□□，曾孙自□、自安、自□、自立

乾隆三十三年二月十三日　立

碑刻说明

清刻。在高庄村高姓墓地。拓片通高194厘米，宽65厘米。碑额双勾题"光前裕后"。

碑文考释

墓主高朗，高庄村高从礼之子。清康熙五十五年（1716）恩贡，雍正七年（1729）授直隶正定府栾城县（今属河北石家庄市栾城区）儒学教谕。娶妻武氏，继室齐氏。乾隆三十三年（1768）二月十三日，其子孙立碑于墓。

恩贡，亦称"恩贡生"。明、清两代，凡遇国家庆典或颁布登极诏书，即根据当年各省府、州、县学岁贡常额，加贡一次，正贡作为恩贡，次贡作为岁贡。

县儒学教谕，正八品。

○六七　高从礼及妻鲁氏敕赠碑

雍正十三年九月初二日

奉天承运皇帝制曰：任使需才称职，志在官之美。驰驱奏效报功，膺锡类之仁。尔高从礼乃直隶正定府栾城县教谕高朗之父，雅尚素风，长迎善气，弓治克勤于庭训，箕裘丕裕夫家声。兹以覃恩，貤赠尔为修职郎直隶正定府栾城县教谕。锡之敕命，于戏肇颜。扬之盛事，国典非私。酬燕翼之深情，臣心弥励。

制曰：奉职无怠，懋著勤劳之绩。致身有自，宜酬鞠育之恩。尔直隶正定

府栾城县教谕高朗之母鲁氏，淑范宜家，令仪昌后，早相夫而教子，俾移孝以作忠。兹以覃恩，貤赠尔为八品孺人，于戏贲象服之端严，诞膺钜典，锡龙章之涣，永播徽音。

乾隆三十三年二月十三日　立

碑刻说明

清刻。在高庄村高姓墓地。拓片通高206厘米，宽73厘米。碑额双勾题"恩诏"。

碑文考释

此碑为雍正帝于雍正十三年（1735）九月初二日敕封高朗父母的敕命。按照清代定制，高朗为八品官，以原职敕封其父高从礼为修职郎直隶正定府栾城县教谕，其母鲁氏为八品孺人。

在明、清之际，对文武官员及其先代妻室赠予爵位名号时，皇帝命令有诰命与敕命之分，五品以上授诰命，称诰封；六品以下授敕命，称敕封。诰命与敕命形如画卷，轴端一品用玉，二品用犀，三品与四品用裹金，五品以下用角。

皇帝赐予官员父母、祖先与妻室以爵位名号，存者称封，已死称赠。一二品封三代，三品以下封二代，六品以下封一代。

高朗身为直隶正定府栾城县教谕，为八品官，故封赠一代，只封赠其父母。

按照清代封赠制度，一品、二品封赠夫人，三品、四品封赠恭人，五品封赠宜人，六品是封赠安人，七品、八品、九品、九品封赠孺人。高朗为八品官，故其母鲁氏敕赠八品孺人。

○六八　白玉塘修龙王庙碑记

尝谓山不在高有仙则名，水不在深有龙则灵。白玉塘地方半亩，水仅一湾，至于沛甘霖润嘉禾，诚有令人莫测者矣。易曰："云行雨施。"由是而知，龙之行也雨必从之。是龙也所处不一，而玉塘虽小，不更神于江河湖海乎。溯自大明以来迄于今，旧有山神庙碑碣，想玉塘之开日久，而龙之居也亦有年矣。至今日有求必应，感而遂通，无论附近村庄同沾雨露之恩，即僻壤殊乡亦无不感其神速。因此，群黎遍德，虔心修造龙王庙壹间，以后神有所凭依。即稍旱，亦不必望空而祝祷，当思万物得天而苗自发荣滋长，五谷成熟而人更安享太平，年年大有，岁岁丰登，果谁之力乎？是皆玉塘之神，或潜或飞，能大能小，油然作云，沛然下雨，无不及、无太过之所致也。古文所谓有龙则灵者岂虚语哉？予故作文以记之。

石匠助工：周礼三十三，高凤君三十五，高凤至三十二，高凤唐三十八，高自利三十一，高凤亮十九，高凤仪十八，高凤材十七，高东恒十六，高凤池十二，王邦昌十五，王邦贵十□，高凤义施碣料，何兴隆施钱三十五吊文。

顺天府涿州廪生贡员康天铎撰文并书丹

大清同治四年岁次乙丑四月谷旦

碑刻说明

清刻。在高庄村白玉塘前。拓片通高154厘米，宽68厘米。碑额正书"名垂千古"。款尾私印两方，皆朱文，上为"康天铎"，下为"康氏"。

碑文考释

据此碑记载，在高庄村白玉塘有水一湾，半亩大小，为历代大工采石形成。旧有山神庙碑，同治四年（1865）春，乡民在山神庙旧址创建龙王庙一间。施钱的有高庄本村人高凤君、高凤至、高自利、高凤亮、高凤仪、高凤材、高东恒、高凤唐、高凤义等，还有后石门村王邦昌、王邦贵等。撰文者廪生贡员康天铎为南尚乐村康氏。

廪生贡员，简称廪贡生，或廪生，是清代贡生的一种，为经岁、科两试一等者。每年发廪饩银四两，每月给廪米六斗。

○六九　重修村东桥道记

盖闻靡不有初，鲜克有终者。先图未尽之，尾图有志克成。至心无贰者，众善乐襄之。首善若乃筹画高家庄村东临沟老道，日久经夏，党偏程南石桥两端，年中被冲反侧，虽承前代首领斡旋，以悦徒行，而人无寒裳之苦；纵率旧章重为修整，以通车辆，而舆无濡轨之虞。奈值冻解春融之候，而长途滑澾，未易投轮。矧连水落石出之徛，而崎路奔驰，何堪着屐。故此，既劝各乡亲友合作，以助重营，赀捐随便皆由，复恳西域云居多车以运抛料，功迈从前，庶几桥道平平。经始惟冀有终，鸠工克绍层途。凿凿筑堤而兼续板，骏绩用彰。噫！感寒戚之栗烈，不必为厉为揭，致叹苦匏。望溜水之弥漫，何须就浅就深，兴叹脱辐。运会适逢，事功丕著。前徽得显，后效何劳？顾愿桥与道既益且高。爰勒贞珉，永垂不朽。是为志。

即选教谕咸丰辛酉拔贡生前石门村邢景耀撰文

涿州庠生王化行碑额篆书

儒学正堂恩贡生长沟村王卓书丹

经理人周永寿、高凤纪、周永耀、周永□、高凤□、高自诚、高凤台、周之才

大清光绪二十六年岁次庚子孟夏月　石窝村富刘富刻

碑刻说明

清刻。在高庄村。拓片通高192厘米，宽72厘米。碑额双勾篆题"桥通勤区"。中央竖款楷书双勾阴题桥名"高家庄会源桥"，碑文在右，落款在左。既是一石重修碑，又是桥名碑。碑阴拓片通高198厘米，宽71厘米。碑额正书"万古流芳"。

碑文考释

民国十七年（1928）《房山县志·卷之二·河流》："灌河，源出自西域寺西北之水头（旧云出自黑牛水东南，循涧伏流至水头始出），东南经西域寺之东。其支流引入寺内，又南复折而东经下庄村。又东南流，三岔水、东域寺水先后注之，三岔水有泉（东域寺水出自白云山南麓，水势稍大）。又东南经前后石门东，又南流经高家庄东南，白玉塘水自西北经四座庙、高庄万泉庵北，有大泉数眼涌出，灌稻田三顷余，产稻甚美，俗谓玉塘米。又东南经下营北来汇，又

经崖上、独树村南，又东南经纸房北，至半壁店，经清行宫前（现改为高小学校）。又东经南正、双磨南，至良各庄北，再东南至长沟西而南，入涿县界。"灌河，今称南泉水河。

高庄村会源桥，应该在南泉水河西源上，其水自白玉塘来，过高庄村东南而下。

会源桥创建年代不详，清光绪二十六年（1900）春重修，村中有周姓、高姓人等主事，云居寺义务出动大车运料，远近施助者名单刻于碑阴。

碑阴

西域寺大车叁拾辆，后石门施钱贰拾吊，前石门施钱拾玖吊，下庄施钱捌吊，水头村施钱陆吊，下滩村施钱陆吊，惠南庄施钱肆吊，三岔村施钱陆吊，辛庄施钱陆吊，南尚乐施钱叁吊，史各庄施钱壹吊，广润庄施钱陆吊，坟庄施钱壹吊，忠庆堂施钱陆吊，良各庄施钱贰吊，吴春国施钱壹吊，南正村施钱叁吊，黄元井施钱贰吊壹百，双磨村施钱肆吊，沿村施钱贰吊，西甘池施钱肆吊，罗家峪施钱贰吊伍百，郑家磨施钱贰吊，三座庵施钱肆吊，李永□施钱壹吊，半壁店施钱肆吊，张□□施钱壹吊，□□施钱壹吊，□一堂施钱壹吊，□山施钱壹吊。

石窝村：衡玉号施钱壹吊，李顺施钱壹吊，刘连元施钱壹吊，温泰衡施钱壹吊，刘贵施钱壹吊，仙芝堂施钱壹吊，天顺号施钱壹吊，泰和公施钱壹吊，世德堂施钱壹吊，刘□施钱壹吊，天利号施钱壹吊伍百，万和堂施钱壹吊，广坐堂施钱壹吊，玉□斗局施钱壹吊，益顺当施钱壹吊伍百，□□□施钱伍百，冀松年施钱壹吊，刘□贤施钱贰吊，高凤□施钱壹吊，梅□荣施钱伍百，丁□施钱壹吊，高凤山施钱壹吊，□□□施钱壹吊，广义厂施钱壹吊，史各庄施钱叁吊，北白岱施钱□吊，西白岱施钱叁吊，南白岱施钱贰吊。

张房村施钱壹一千，财神会施钱壹四千，岩上村施钱叁拾□吊，独树村施钱壹五千，纸房村施钱壹拾叁吊。

杨树下：□□□施钱壹二千。□□村施钱壹一千。塔照村：丁□□施钱三千，丁宝田壹一千，丁秉彝施钱壹一千，丁文明施钱壹一千，丁自然施钱壹一千。广禄庄施钱二千。高村：赵福儒施钱一千。南河村施钱三千。镇江营施钱五千。郑家磨施钱三千。蔡家庄施钱四千。王家庄施钱二千。蔡家口：蔡连仲施钱□千，蔡连城施钱一千，蔡永清施钱一千。义和庄：刘□□施钱一千，双合公施钱一千。

下营村施钱壹拾捌吊，□白□施钱□□，高□□施钱四千，高永成施钱四千，高福□施钱四千，高永瑞施钱二千，魏德山施钱一千，高永富施钱六千，张福林施钱壹吊贰百，高福来施钱三千，高凤贵施钱壹吊贰百，高福□施钱一千，高凤□施钱一千，高永□施钱壹吊贰百，高□□施钱六千，□春□施钱六千，周□玉施钱四千。高家庄：高廷□施钱三千，高廷□施钱十六吊壹百，高廷□施钱一千，高廷□施钱一千，高□□施钱□吊□百，高自昇施钱四千，高自□施钱伍千，高自□施钱三千，高自□施钱一千，高自恒施钱一千，高自雨施钱二千，高自□施钱一千。

周文才施钱贰拾吊，高自诚施钱一千贰拾叁吊，周永耀施钱七千，周永年施钱壹拾陆吊，周永忠施钱七千，高凤□施钱壹拾壹吊，高凤楼施钱五千，高凤台施钱二千，高福□施钱壹吊贰百，高永文施钱二千，高永□施钱一千，高永旺施钱壹吊贰百，高□辅施钱□吊，周永福施钱二千，□□□施钱三千，周克□施钱二千，周志□施钱二千，周志□施钱壹吊壹百，周玉□施钱一千，周永坤施钱一千，周启文施钱一千，周永义施钱一千，周永智施钱一千，周永□施钱壹吊壹百，周永□施钱一千，周永纯施钱一千，周永山施钱一千，周永和施钱一千，刘少荣施钱壹吊叁百，周克□施钱一千。

高凤□施钱一千，高凤天施钱壹吊壹百，高凤□施钱三千，高凤□施钱壹吊壹百，高凤山施钱一千，高凤仪施钱一千，高凤□施钱一千，高凤□施钱一千，高永□施钱壹吊伍百，高凤□施钱三千，高□□施钱一千，高自刚施钱壹吊贰百，高自□施钱一千，高凤□施钱一壹吊贰百，高福□施钱一千，高福□施钱一千，高继业施钱壹吊伍百，高继荣施钱一千，高继玉施钱二千，高继□施钱一千，冯□□施钱壹吊伍百，双合公施钱五千，高俊山施钱壹吊□百，高继全施钱二千，□□□施钱壹吊四百，刘进福施钱一千，□□广施钱一千，周□生施钱一千，周□海施钱一千，周□□施钱一千，刘进□施钱一千，高凤□施钱七千，周永文施钱一千。广禄庄：□□□施钱六千。南尚乐：赵□□钱一千。杨树下：张宏祥施钱一千，刘富施钱二千，恒泰裕施钱一千。长沟村：

□成号施钱一千，□利□施钱伍百吊，瑞和成施钱一千，义德成施钱一千，聚兴局施钱一千，福森盛施钱一千。四座庙：高福亭施钱一千，高福贵施钱一千，高永德施钱一千。

碑文考释

参与捐资修桥者涉及北京市房山区、河北省保定涿州市、河北省保定涞水县三地42村。

石窝村、半壁店、下营村、高家庄（今高庄村）、四座庙（今入高庄村）、镇江营、蔡家庄（今蔡庄）、下滩村、王家庄（今王家磨）、郑家磨、南河村、广润庄、惠南庄、塔照村、水头村、下庄、三岔村、岩上村、独树村、前石门、后石门、南尚乐、辛庄23村，今属北京市房山区大石窝镇。

张房村（今张坊）、广禄庄、西白岱、南白岱、北白岱、史各庄、蔡家口6村，今属北京市房山区张坊镇。

长沟村、杨树下（今入北正村）、双磨村、坟庄、良各庄、南正村、三座庵、黄元井、沿村、西甘池10村，今属北京市房山区长沟镇。

罗家峪，今属北京市房山区韩村河镇。

义和庄，今属河北省保定市涞水县石亭镇。

高村，今属河北省保定市涿州市豆庄乡。

捐助商号18家：石窝村10家，即衡玉号、仙芝堂、天顺号、泰和公、世德堂、天利号、万和堂、广坐堂、玉□斗局、益顺当。高家庄（今高庄村）1家，即双合公。长沟村6家，即□成号、□利□、瑞和成、义德成、聚兴局、福森盛。涞水县义和庄1家，即双合公。

此外，高庄相邻的西域寺，义务出大车30辆。

○七○　房山县富民第三泉碑

中华民国二十五年　月　日

房山县富民第三泉

河北省农田水利委员会凿修

碑刻说明

民国刻。在高庄村南。此地民国时是一个村落——四座庙村，中华人民共和国成立后归属高庄村。碑座半埋于水泥地下，碑身被砌于院墙上。碑为方首抹角，高94厘米、宽46厘米，厚度露出墙体2厘米。方座，长62厘米，地面以上高15厘米，厚10厘米。大字高8厘米，宽5厘米。小字高、宽均4厘米。

碑文考释

房山县富民第三泉，旧称四座庙泉，高家庄村南，原在四座庙村，今该村并入高家庄村。池为正方形，面积三分。先开池继砌池，池北建汲水池，出水口建闸及洗衣处。民国二十五年（1936）4月17日开工，6月15日竣工。每分钟出水160立方尺，灌田1530余亩。开池、砌池、立碑购地等共用款三百五十八元四角二分。

相邻有房山县富民第四泉，在高家庄村南，池广五分八厘周三十三丈，水出六十丈，流入干渠下游十六村引用。原池面积二分，深凿1尺半，扩凿三分八厘，深四尺，砌池墙三十三丈，池口砌闸。民国二十五年（1936）6月26日开工，7月19日竣工。每分钟出水280立方尺，灌田2600余亩。开池、砌池、购地等共用款二百七十九元三角。无碑。

〇七一　房山县富民第五泉碑

中华民国二十五年 月 日
房山县富民第五泉
河北省农田水利委员会凿修

碑刻说明

民国刻。在高庄村委会院内。2016年初在高庄村南修路时出土。长方形，无碑座，高74厘米，宽32厘米，厚14厘米。大字高、宽均6厘米。小字高4厘米，宽3厘米。

碑文考释

房山县富民第五泉，在高家庄村南，池广八分一厘，池周连出水渠共四十三丈，均用石砌。渠长四百五十丈，宽五尺。除旱地稻田引用外，注入干渠下游引用。原池面积七分一厘，浚深二尺，扩凿一分并浚渠砌池建泄水闸一座。民国二十五年（1936）6月20日开工，7月19日竣工。每分钟出水132立方尺，灌田1260余亩。开池、砌池、建闸、购地、浚渠等共用款二百七十三元零七分。碑高2尺。

民国开凿的房山县9泉，除大石窝镇下营村、高庄村5泉，其余4泉均在今长沟镇的西甘池村，即西甘池泉、西甘池第一泉、西甘池第二泉、西甘池第三泉，开凿顺序基本情况如下。

西甘池泉，在西甘池村西稻地之间。泉池为不规则长方形，池用石砌，南端建闸一座。稻地间开渠以通河水泉，池两旁留有水口，用水时闭闸浇地，不用则泄水入河。泉在稻地间随泉眼之散布，彻底疏凿挖妥后，用石砌池，又建闸一座，开水口二处，又浚渠九十余丈。民国二十五年（1936）10月15日开工，11月20日竣工。每分钟出水一百八十立方尺，灌田1700亩。用款一百三十八元七。有碑，高2尺5寸。

西甘池第一泉，在西甘池村西，南山坡根。泉眼三处，砌池成丁字形，堰高四尺二寸，厚二尺一寸，东端建闸一处。渠道沿稻地边挖成，用水时引水入地，不用时泄入河中。先雇石工沿山坡用炸药轰凿扩大，为保护泉眼，就地砌成泉池并砌用水池一个。民国二十五年（1936）10月16日开工，10月30日竣。每分钟出水60立方尺，灌田500余亩。用款七十二元六角六分三厘。碑高2尺5寸。

西甘池第三泉，西甘池村东，水磨房之北。泉池为不规则长方形，南岸长十二丈六尺，北岸长十七丈，宽二丈，二尺，深六尺。泉渠长不及二丈，即入清水河，宽五尺深四尺。此泉所在地系荒地一段，催工分段挖掘泥土堆于泉池周围。民国二十五年（1936）11月30日开工，12月18日止。每分钟出水20

立方尺，灌田二百200亩。用款二十五元。无碑。

西甘池第二泉，西甘池村，胜泉寺（将军庙）北。泉池为长方形，长十五丈，宽一丈五尺。此泉南临胜泉池，与胜泉挖通泉水直入胜泉，故无渠道，泉在山沟就沟向西挖掘。民国二十五年（1936）12月1日开工，12月16日工止。每分钟出水80立方尺，灌田800亩。用款七十二元。无碑。

半壁店

半壁店在大石窝镇东境，是清京易御路上的历史名村。清雍正八年（1730），在易县以西15公里的永宁山下营泰陵，西陵营建自此开始。乾隆二年（1737年）三月初二，葬雍正皇帝于县易永宁山泰陵。出于大丧和谒陵需要，清王朝开辟了一条自北京通往易县的120公里的御路，史称"京易御路"。乾隆十三年（1748），自北京到西陵沿途依次营建黄新庄行宫、半壁店行宫、秋澜行宫、梁格庄行宫。半壁店行宫在半壁店村北，隔南泉水河与村庄相望。自泰陵营建至宣统逊位的180年间，共葬4帝、9后、56妃嫔，76位王公、公主。半壁店作为京易御路要冲和重要结点，差役于途，商旅宵征、天子时临，轺来辇往。自雍正营西陵，历乾、嘉、道、咸、同、光、宣及至民国，御路、行宫经济，成就了半壁店村200年的繁荣。其间，半壁店村兴起商铺30余家：如鸿泰号、西顺源、兴盛号、义德顺、永福玉、宝兴店、隆泰成、恒兴德、人和堂、义和盛、德瑞盐店、东盐店、通顺盐店、永丰号、广顺号、庆元店、义成公、广丰号、永顺号、通和号、正盛玉、安益堂、兴隆席、公盛席、公顺车、山益斗局、德成斗局等。产生鸿泰号、西顺源、兴盛号、义德顺、永福玉、兴隆席、公顺车、宝兴店、隆泰成等八家百年老字号。承一乡仕宦之风，半壁店村亦有崇文尚第传统。清乾隆四十年（1775），先民高天铎、弟高天儒同侄高纯、高纶独自出资在村中创建文昌庙、魁星庙。

本卷收录半壁店碑刻6件：清代5件、民国1件，其中收录碑文6篇。

〇七二　重修观音庵碑记

盖闻故庙重修，应冀二梵之福，观音菩萨草言，普济能仁，夫荐福莫如无苦无难，能仁莫如大慈大悲，试观怀抱婴儿，济生民如保赤子也。掌握丈木，于福寿如操大器也。手持如意，应祈求皆得遂心也。所以金其身者，欲世人视神明如视夫黄金也。所以婆其像者，知神明为世人尝具夫婆心也。故南海之观音、五台之文殊、峨嵋之普贤，三大菩萨一菩萨也。一菩萨仍一天地，太和之气，好生爱物之仁也。夫天地之仁，非即吾人怵惕恻隐之心乎？见孺子将入井而咸欲救之，是即能仁，扩而充之，安老怀少，博施济众，是即普济。返观原自在吾心耳，而座上之相，相逐心生，人世之福，福由心造。夫以人心之仁，同以奉之，亦曰谒，自会令天下归仁而已，讵可以诣资目之，岂可以淫祠目之也。前明万历己未，功德主高进登创建此庵，迄今百有六十余年，其旧碣所载原有，时仅存十之二三，即如香火地二十亩，原无坐落四至，踪迹全无乎，其庵大□处北□□迨至□□□清乾隆戊申，殿宇禅房俱已倾颓，时有居士高公天铎弟天儒侄纯、纶，□已施香火地三十亩，舍与住持普修，发心重建此庵。除各捐已资外，又募化四方亲友以及善信男女，自春起工，秋而告竣，共计费钱一千二百余千，而庙貌庄严，焕然一新，三大士于是大俱，易金装，增帷幔，□□间展出殿陛故尺，一切墙壁，内外俱是砖石，毫无埋土体，其千古□鞏□耳。计其大殿三间、东西禅房二间、韦驮殿一间、厨房□□三间、钟楼一座、创修山门、影壁二道，其帷幔供器，一切日用什物，俱系僧人□置。又将新施香火地坐落四至，开列镌石，以垂永久。计开香火地叁拾亩，坐落村西，东至关帝庙地，西南土至上方山地，北至道。

大清乾隆五十三年年岁次戊申秋九下月下浣谷旦立　住持普修　撰文杨铎
石匠庞得胜

碑刻说明

清刻。在半壁店村观音庵。拓片通高190厘米，宽74厘米。碑额正书，双勾题"普积良因"。

碑文考释

明万历己未，万历四十七年（1619）。

据此碑载，半壁店村观音庵，为高进登创建于明万历四十七年（1619），至清乾隆五十三年（1788），历时169年。按庵中旧碣所载，观音庵规模宏大，经历改朝换代，年深日久，大多坍塌，建筑所剩无几。碣中记载的香火地二十亩，亦不知所踪。高公天铎、高天儒兄弟和侄高纯、高纶，施香火地三十亩，又与住持普修和尚各捐己资，募化重修。清乾隆五十三年（1788）春兴工，当年秋告竣，花费一千二百余千，建大殿三间、东西禅房二间、韦驮殿一间、厨房三间、钟楼一座、创修山门、影壁二道。住持僧人普修又添置了帷幔供器，一切日用什物。

〇七三　重修观音庵碑记

盖闻梵宫圣仪，尚属虚无之域。莲座巍峨，乃视凭依之所。于是重修故殿三楹，琼庙焕然一新。非徒神不弛凭依之所，而人得尽如在之诚也。维我观音、文殊、普贤三大菩萨，神灵广护，固当日所尊乎，有感□□，尤移世所瞻仰。至于观音身居南海而大慈大悲，文殊居五台救苦救难，普贤居峨嵋而普济能仁。三大菩萨好生爱物之心，诚令人不能尽述者矣。兹半壁店村旧有观音古庵一座，宫殿虽属卑小依然寂静可观，□之于南海、五台、峨嵋之域，□□年深日久，风雨摧残，大殿檐飞，业经朽坏，至咸丰丁巳竟坍塌，此□不修则将废矣。向此庙已存宗秀愿，岁来唱折价钱壹佰□拾吊，会众人等□管，共滋其利捌拾陆吊正，可用此钱重修殿宇，另□庄严，又恐此钱不足，因□□等公□□捐资本村，以成其□，而众善无不乐从，此□人力之资成□□，□赖神明之默佑，即不日兴工，金容再□，□□重□。□□观□□□□□□□□□同人之保护焉耳。

是为碑志。

大清同治七年阳月

碑刻说明

清刻。在半壁店村观音庵，赵锦堂正书。拓片通高160厘米，宽60厘米。碑额双勾题"万古流芳"。

碑文考释

咸丰丁巳，咸丰七年（1857）。阳月，农历十月的别称。汉董仲舒《雨雹对》："十月，阴虽用事，而阴不孤立。此月纯阴，疑于无阳，故谓之阳月。"

此碑记载，观音庵年深日久，风雨摧残，至咸丰七年（1857）坍塌。自乾隆五十三年（1788），至咸丰七年（1857），又过69年。直到此庙坍塌11年后的同治七年（1868），用观音庵的功德钱和利钱二百余吊，并募化村民，重修殿宇，不日告竣。

○七四　重修文昌魁星庙碑文

盖闻斗奎一宿司禄命之权，东壁二星乃图书之府，主持四方风教，权衡一世心田，其隐恶、扬善、录过、记功，显著于天下也，为已久矣。凡我同人次，名标一第、位列上台者，有不尊崇斯文之主宰也哉？

房邑西南乡半壁村，向无文昌、魁星庙宇。自乾隆乙未年，有本村好善施之高天铎、高天儒同侄高纯、高纶者独力捐修，创立二庙，后与附近绅士敬立文会，因时致祭，以极享祀之诚。轮流支年，以期人文之盛。奈相沿已久，风雨摧残，神像将及于泯灭，士人徒怅夫门墙。兹有高天铎之侄孙高中捷同堂弟高中言、高中翰、高中先，族弟高云林、乡侄鞠俊岩，意欲重修，力有不足，遂与众会首商议，欲另展新基，以期阔大，而众会首欣然乐从，捐资成美。幸庙东旁有隙地二分有余，系本村善士高治之地，不计其利，情愿施舍。因此，劝捐四方善士赀财，共襄盛举，兹已营建之，有赀亻见亟成之，不日重新庙貌，先后同揆。所谓莫为之前，虽美弗彰。莫为之后，虽盛弗传者。良有以也。从此丹楹刻桷，瞻帝座之森严。黄卷青灯，欣人才之蔼吉。科名鼎盛，甲第翩联，是固有厚望也夫。

首事人：举人郝开一，黄庄周璘，钱际昌，守备田景玉，监生张致臣，文生冯钧，从九品康达，举人王德雄，武举杨廷楷，李馨，监生鞠俊岩，武生高中捷，武生高中言，高中翰，文生高云林，隗志谦。

监修人：鞠俊岩、高中翰、高中亿、高云林。

监工人：赵惠、高中彩、宗锦。

同事人：文生杨廷榦，高云书、刘玉衡、郭廷飏。

经理帐目人：山西永济县马世杰。

本村廪膳生员高云林撰文

本村儒童高中道篆额

本邑城内增广生员赵书塈书丹

大清道光十九年岁次己亥清和谷旦　众士等同立

碑刻说明

清刻。在半壁店村。拓片高120厘米，宽69厘米。

碑文考释

乾隆乙未年，乾隆年四十年（1775）。

碑文记载半壁店村文昌庙、魁星庙创建重修事。

半壁店村文昌庙、魁星庙，创建于清乾隆年四十年（1775），出资创建人为本村高天铎、弟高天儒同侄高纯、高纶。二庙创立后，高氏叔侄与附近绅士创立文会，因时致祭，从未间断。历64年，二庙经风雨摧残，殿宇破败。创建人高天铎之侄孙高中捷同堂弟高中言、高中翰、高中先，族弟高云林、乡侄鞠俊岩，倡议重修，与众会首商议，另展新基，以期阔大，众会首欣然乐从，纷纷捐资。恰好庙东旁有空地二分，为本村高治所有，高治情愿施舍，不计其利，四方善士共襄盛举，兴工建设，不久告竣。规模略有扩大，依然遵循旧制。

创立、重修文昌庙、魁星庙，反映了大石窝镇古仕宦之风。

文昌庙奉文昌帝君。文昌即文昌星，古时认为是主持文运功名的星宿，是中国民间和道教尊奉的掌管士人功名禄位之神。魁星庙奉魁星。魁星，为北斗七星的第一颗星，称魁星或魁首，主文事考运，古代读书人中状元称一举夺魁。正如碑文所说，半壁店高氏创建重修文昌、魁星二庙的用意即是希望乡土"科名鼎盛，甲第翩联"。

重修二庙时，发起人都是有功名者：举人郝开一、王德雄，武举杨廷楷、守备田景玉，监生张致臣、鞠俊岩，文生冯钧、高云林、隗志谦，武生高中捷、高中言，从九品康达，钱际昌、李馨、高中翰亦有功名在身。一乡之间，可谓济济多士。这在当时房、良两县，绝无仅有。

○七五　重修石桥古沟碑序

盖闻圣人造舆梁，愿人云路同登矣。君子之为善，岂非利己而利人乎？夫圣人造舆梁，□悲□周之病涉也，而余等视其损坏，敢不体圣人之心哉。故亟会合人重修，不惟劳心劳力以严整御道。村北古沟名曰大清河，现有旧碑可证，兹不再论，惟村南之古沟名曰石槽沟，由广润庄村北而来，原滋灌田所用，自道光咸丰年间，村风颓败，古道寝衰，事事不践旧迹，于是浇地定泽，在竟淹没街道，夏时行走泥泞，冬令满街冰凌。旅人受困，不堪□目，数十年间如此。于是沟道已失□□喜去年有乐善好施者数人，不忍坐视，情愿施舍地基，调改沟道，将穿街之水引导于村南矣。□□□□□□施舍地基人及经理人名列于后。众乡人不惮劳苦，助工千余，人众不便列名。沟道两头新修小石桥两座。本年街中，重修大桥一座，因年深日久，桥面损坏，石料坍塌，视之工程浩大，独力难为，仰仗四方仁人君子相助，不忍惜费以成其美，功德芳名，勒于碑上，永垂不朽。

施舍地人：武成邦、魏明、鞠鲁斋、鞠汉章。

修沟经理人：尹恭、尹凤木、尹凤兴、刘瑞、□玉田、生花、吴春祥、刘胜千。

修桥经理人：纸房村高彤云、隗荣光、赵子江、武成邦、高登□，秧坊村尹文、赵文起、高书云、吴春□、宋秉□。

撰文高兰亭

书丹高雅峰

石工头续峻山、温尔宽

铁笔贾清和

光绪叁拾三年岁次丁未荷月谷旦立

碑刻说明

清刻。在半壁店村。拓片通高167厘米，宽63厘米。碑额正书，双勾题"万古流芳"。

碑文考释

荷月，指农历六月。

此碑记半壁店村调改村南石槽沟，创修石桥事。

石槽沟由广润庄村北而来，原为引拒马河水灌田之用，自道光、咸丰年间，槽水穿街而过，夏时行走泥泞，冬天满街冰凌，行人十分不便。光绪二年（1876），村民武成邦、魏明、鞠鲁斋、鞠汉章，不忍坐视，情愿施舍地基，调改沟道，把穿街之水改由村南经过，沟道两头新修小石桥两座，民众助工千余。街中有大桥一座，因年深日久，桥面损坏，石料坍塌，也募捐重修。

○七六　半壁店村创筑石桥碑记

夫一国之兴衰，必视其庶政之举废，然率天下之大，政务繁矣，推首要则莫重于交通，□□以□□□在昔尝老死而弗通崇岳深洋，虽今亦多举步，而生只其间，若交通不便，拔涉无由，两地间只□□□□□宁与共，不特经济无法以调融，民生亦难于维护，以致政令亦无法以□施，文化亦何由而通昌乎。余览建国方略，及建国大纲，其间建设以民生为首要，故以衣食住行而并重。乃□□□□□在交通尤所必须也。桥梁筑，而路政乃完。津度缺，虽咫尺困步。

查半壁店村，西卧拒马，北枕大房，南通涿郡，东达山□，为畿辅之重地，□□之则唯交通之要道，政治之□□，其关于四方□□，□□□灌河，由白玉塘及西城寺二水来会，甚至夏秋则西山万泉齐归，千溪并进，山洪□路，一□千里，汹汹巨浪，泛滥成灾。至数旬行其绝衢，灾莫大焉。水湍流急，不容于舟楫，又不适于轮蹄，历年□□，有土桥然，是一经泛滥，则冲毁无存。一年一度，水涨即毁，浪去仍修，因之靡费不赀。间亦列石稳足，身仅得济然，得徒使行人踯躅咨嗟而已。每届严冬，则□冰石上，一经春暖，则泥泞渡济，叹来往之困苦，慨牲畜之蹈水，路人过此尚有兴建之思，世居于此岂无□建之意。于是由本村高君玉海、刘君振海□诸善□会勘筑桥之举。但兴工建梁，必任费担劳，乃工□□需款甚巨，自量力有不及，遂不得不募诸四方。幸得遐迩善士兴捐款植作之思，加以援手，遂得□□□□汇流成海。乃于九月一日兴工，迄十月杪落成石桥四孔，□□驰驱□□行□无□交通□之□□□□□之忍心得一劳永逸。区区之举，维不□□为供民，亦不外□□之道，虽经诸□之委身□□□□□功不可限，四方善士之慷然资助，义不容朽。是为之记，冀垂不朽云。

经理人：高玉海、刘振海、赵汉章、□江、王殿甲、□德明、白□山、□登甲、□永顺、高玉贵、生振亭、张林。

张克勤撰文书丹　刘忠镌字

中华民国二十年夏历仲冬□□□立

碑刻说明

清刻。在半壁店村。拓片通高202厘米，宽70厘米。碑额正书"万古流芳"。

碑文考释

此碑记载了创建半壁店村北石桥经过。

半壁店村，地当交通之要道，灌河由白玉塘、西城寺二水来会，经村北而过，至夏秋则西山万泉齐归，千溪并进，汹汹巨浪，泛滥成灾。河上原有土桥，一经泛滥，冲毁无存。一年一度，水涨即毁，往来绝途，冬春两季，亦行艰难。本村高玉海、刘振海首倡修建石桥，募化四方，遐迩善士捐款相助。民国二十年（1931）九月一日兴工，建四孔石桥一座，十月底落成。

此桥创建说明，清代地当京易御路的半壁店，从未兴建石桥，直到民国二十年（1931）十月，才有石桥。

○七七　半壁店李氏先茔碑

为人后者春露秋霜，须切思亲之感。水源木本，当展追远之诚。溯吾李室谱牒，旧贯热河化峪沟碾子院。远祖讳颜于乾隆十四年奉敕拨迁半壁店行宫当差，是为此处第一代始祖也。二代祖云章，其墓均在宫西北百步许。至三代讳本者，则吾高祖也，曾祖讳秉彝，均于半壁店后坡迤北择牛眠地。先王父讳馥复，卜佳城于宫西。先考鹤峰府君，讳嵩琇。同治甲戌年荣升秋澜村千总，在任十九载，至光绪辛卯，寿六十六岁，一觉而终，平生正直好善，友人谢君彤飑赠挽联云："三百日相契忘年，风尘中独蒙青眼。十九载在官尽职，正直处只是赤心。"虽然，非由上世累德积善有以基之，不能乃尔也。先妣张宜人系秋澜村望族，生母王宜人亦西营坊阀阅之家，皆偕葬于此。今吾补充良各庄千总一缺，吾弟春藻实任委署，吾儿德瑄特授千总，均在本行宫职守。父子兄弟叔侄荷禄有年，荣幸相庆，而述先启后之臆悃蓄之已久，爰载贞珉，以示来兹云。

宣统三年三月三日谨立　孙仁增敬书

碑刻说明

清刻。在半壁店村。拓片通高202厘米，宽70厘米。碑额正书"万古流芳"。

碑文考释

同治甲戌年，同治十三年（1874）。光绪辛卯，光绪十七年（1891）。

乾隆二年（1737年）三月初二葬雍正皇帝于易县永宁山泰陵。乾隆十三年（1748），清高宗为谒泰陵，自北京到西陵沿途建黄新庄行宫、半壁店行宫、秋澜行宫、梁格庄行宫。

半壁店行宫在半壁店村北，为清代自北京去西陵谒陵途中的第二座行宫。

行宫坐北朝南占地三十余亩。南带灌河，后靠后山。行宫前为汉白玉御河桥，过御河桥，两座月台面南北背，后面便是金瓦红墙的行宫院。行宫院两层殿宇，前殿面阔五间，殿前月台高阔。大殿两翼各有配殿五间，前出一步廊，与两侧的回廊相连。东西长廊墙壁上，镶嵌着乾隆皇帝的御制诗刻30首。二进殿面阔五间，前出一步廊。后院是御花园，假山屏列，松柏参天。御花园北接后山，起伏如画浑然天成。上有八角亭，有小径可达。

民国十七年（1928）《房山县志·卷之三·古迹》载，半壁店行宫"县西南四十里，半壁店村北，背山面河，形势幽胜。清乾隆元年，奉安世宗宪皇帝于泰陵易州泰宁山、太平峪，每谒陵道由房山。十三年遂于半壁店建行宫焉。旧设千总一、外委一、旗兵二十。绿营设经制一、外委一、汉兵十名。以为守卫之用"。

《半壁店李氏先茔碑》记载了半壁店村李姓祖源。

李姓，原籍热河化峪沟碾子院，似在今河北承德山区。乾隆十三年（1748）营半壁店行宫，李颜于乾隆十四年（1749）奉敕拨迁半壁店行宫当差，为李姓一代始祖。二代祖李云章，三代李本，四代李秉彝。五代李縢复，葬于行宫西。

六代李嵩琇，字鹤峰，同治十三年（1874）荣升秋澜村千总。秋澜村，今属河北省保定市涞水县永阳镇，现名北秋兰村，村有行宫，名秋澜行宫，建于乾隆十三年（1748），李嵩琇实为秋澜行宫千总。他在任十九载，至光绪十七年（1891）寿终，享年六十六岁，好友谢彤飏赠挽联云："三百日相契忘年，风尘中独蒙青眼。十九载在官尽职，正直处只是赤心。"娶张氏，秋澜村望族；续娶王氏，涞水县西营坊世家。生二子：长子李春某，次子李春澡。

七代李春某，补良各庄（正史作梁格庄）行宫千总。村中有自北京通往西陵的最后一座行宫——梁格庄行宫，建于乾隆十三年（1748），李春某任该行宫千总之职。其弟李春澡任委署。

八代李德珺特授半壁店行宫千总。九代李仁增。

李氏墓地有三，一在行宫西北百步许，葬一代李颜、二代李云章；一在半壁店村后坡之北的牛眠地，葬三代李本，四代李秉彝；一在半壁店行宫西，葬五代李縢复、六代李嵩琇。

今半壁店村仍有李氏，《半壁店李氏先茔碑》，为追溯李姓族源提供了依据，如半壁店村李姓祖茔地和上述地块儿相符，村中李姓始祖，当是乾隆十四年（1749），自热河化峪沟碾子院奉敕拨迁半壁店行宫当差的李颜。

惠南庄

惠南庄在广润庄村西、北尚乐东南、南尚乐东北，明代无此村，清代成村。

明天启元年（1621）七月《房涞涿三县分水碑》记载，当年，由房山县委派巡捕官督工挑沟，自铁锁崖引水灌溉，房山县北郑里广润庄、独树里上乐村（今北尚村）、张坊里上乐村（今南尚乐村），三里三村123人参加，出工5045工。其中北郑里广润庄出工最多，达4800工，独树里上乐村50工，张坊里上乐村195工。惠南庄地处三村之间，处受益地带，独不见出工，唯一的理由是，当时无此村。明代惠南庄似为广润庄一部分，清代随人口增加才独自成村。钱、周等姓为村中望族。

本卷收录惠南庄碑刻7件：清代1件、民国6件，其中收录碑文8篇、碑阴题3则、墓题3则。

〇七八　重修观音庵碑记

盖闻人之所崇奉者佛也，而佛之所式凭者庙也。庙者貌也，所以仿佛神佛之容貌也，是故事佛者必先修庙。惟房山县西南六十里惠南庄村，有古刹号曰观音庵，旧有大殿三间，草房二间，冯宅所施香火地水田四亩、沙地四段。其余庙中所存者仅钟磬香鼎之物耳。至询其创建之年，而父老皆无所能道者。时有一僧人游方至此，乡耆见此人方正，恪请延留而住，法名曰住信，号曰真祥。后收一徒，法名曰果润，号曰瑞空。师徒二人谨守清规，辛勤田亩，此时未尝不欲重修庙貌，但心有余而力不足。瑞公有一族孙自东安县而来，恳求出家，瑞公见此人性敏智慧，堪兴此庵，因为之剃度，法名曰湛闻，号曰德言。后又收一徒法名曰湛甚，号曰了言。惟德公赴宏恩寺受戒，此僧亦踊跃为善，遍览诸大常住，云游十余载。后复此庵，而庙之催残益不堪睹矣，不禁顿然为之兴曰：莫为之前虽美弗彰，莫为之后虽盛弗传。乃于乾隆四十一年间，将观音庵普地重修，轮奂俱美。附近众善等所施者仅百余金耳，其余皆瑞公之蓄积供其用，亦德公之缔造成其功也。厥后又自置水地三十余亩，不在香火之内，实为自便之资。凡此者受苦戒以居庵，艰难且经乎三世，秉虔心以修寺制作，自应夫万年其功不朽，其德难忘也。故为之勒石，以志久远云尔。

房邑廪膳生苏在湄撰文

南尚乐文生隗凌云书丹

住持僧法名湛闻号德言

会同人：增生范锦文，文生冯墀，徐亮、钱克己、李福、周天福、冯立鳌、钱启先、郭恒泰、李自宁、李自恭、苏林、王敬、袁祥、贺思瑞、谷惠，合村众善人等公立

旹嘉庆十三年岁次戊辰季夏月谷旦　勒石人王树本

碑刻说明

清刻。在惠南庄村。拓片通高164厘米，宽75厘米。碑额正书，双勾题"百世不易"。碑阴《重续曹溪派序》，拓片通高158厘米，宽71厘米。碑额正书，双勾题"承先断后"。

碑文考释

据此碑，惠南庄村旧有观音庵一座，大殿三间，草房二间，冯宅所施香火地水田四亩、沙地四段。创建之年不详。僧人住信，法号真祥，在本地东关上黑牛水龙溪寺剃度，传曹溪派一脉，云游至惠南庄村，村中父老见他为人方正，请他留住观音庵。住信收自己的亲子为徒，法名果润，法号瑞空。师徒二人谨守清规，辛勤田亩，本想重修此庵，心有余而力不足。果润的一个族孙从东安县来，恳请出家，果润见他性敏智慧，为他剃度，收在门下，法名湛闻，号德言。此后又收一徒，法名湛甚，号了言。

湛闻出家后，在良乡县宏恩寺受戒，云游十余年，回到惠南庄村观音庵，见此庵败落不堪，于乾隆四十一年（1776），将观音庵重修一新，费用来自果润的积蓄，仅募附近众善百余金。新庵落成，湛闻又用衣钵之资置水田三十余亩，不在香火之内。

碑阴

重续曹溪派序

尝思物各有主，人必有宗，物可以变其生，人岂可以乱其宗乎？僧之先师祖与先师原系罗睺罗父子兼作师徒，原其剃度之始本黑牛水龙溪寺，六祖所定曹溪派，一脉相传二十八字曰：

大方智广文思定，觉慧圆明性海心。

清净融通常住果，湛然寂照本源深。

至僧二十八字已将竟矣，恐宗派失传，因与同族又议续二十八字曰：

道函今古传新法，默契相应远续宗。

深罗敷演谈真谛，佛印亲承永绍隆。

后之曹溪派有不清者，当以此碑为例，故为之志耳。

惠南庄

湛闻德言著作

碑文考释

此序云："僧之先师祖与先师原系罗睺罗父子兼作师徒。"罗睺罗，为佛之嫡子，出家为佛的弟子。此处指住信和果润是父子关系，住信收亲子为徒，法名果润，号瑞空。

"原其剃度之始本黑牛水龙溪寺"，意指住信原在本地东关上黑牛水龙溪寺剃度出家。

序文说，住信自黑牛水龙溪寺传承的是禅宗曹溪派，一脉相传二十八字："大方智广文思定，觉慧圆明性海心。清净融通常住果，湛然寂照本源深。"传到湛闻这辈，二十八字即将用尽，所以他和禅宗曹溪派同门商议，再续二十八字："道函今古传新法，默契相应远续宗。深罗敷演谈真谛，佛印亲承永绍隆。"此序文著者湛闻，重修观音庵后，继任此庵住持，于嘉庆十三年（1802）五月，镌于《重修观音庵碑》阴。

〇七九　惠南庄重修送子庵庙宇志

吾国自科举变为学校，高小中学以上，俱专立校舍。各乡初级小学校，皆假附近庙宇为之。乃为教育普及，计财力所限，不得不尔也。

惠南庄村有庙曰送子庵，旧有菩萨殿三间，关帝殿一间，东西禅堂各三间，东西耳房各二间。本村初级小学校即附设于此，庙中香火地亩，足供每岁焚修之用。奈后不省僧人常泰师徒任意挥霍，典卖罄尽。殿宇之坍塌、禅堂之倾圮，一切置之不顾，非第有碍观瞻，学校亦大受影响。有识者尽然伤之，遂由发起人等邀集村众，议决重修办法，并呈明县署备案，除拨庙产地价银贰百四拾元，庙场西边让于赵姓地基约三分，价银壹百七十元，树株卖价银壹百零伍元外，本村沿户募捐，银逮壹千贰百叁拾余元。于是经始兴工，凡殿宇禅堂皆落地重修。关帝殿左右增修耳房各三间，四面群墙增筑三十余丈。工既落成，气象焕然一新，规模复较前为阔。自兹以后，行见赫赫神明，仰灵宫而降福。莘莘学子，庇广厦以欢颜。既慰乡人祈报之恩，而国家百年树人之计亦基于此矣。陈生振儒昔曾问学于余，因匄余文而为之记。

丁酉科拔贡陕西葭县知事涞水吴锡珍撰文

前清癸卯科文生休卜陈振儒书丹

发起经理人：陈振儒、周庆魁、崔俊义、侯德旺、钱万青、莫恒茂、袁克毅、侯德海、袁坦、钱宝忠、崔俊恭、李聚春

中华民国十六年岁次丁卯夏历八月谷旦　勒石人刘锡绶、李泽海

碑刻说明

民国刻。在惠南庄村。拓片通高 220 厘米，宽 72 厘米。碑额篆书，双勾题"万古流芳"。碑阴录功德主姓名和捐款数量。拓片通高 220 厘米，宽 72 厘米。碑额篆书，双勾题"乐善好施"。

碑文考释

送子庵，应为观音庵改名。抑或清末重修，改为送子庵。据碑记，庵内有菩萨殿三间，关帝殿一间，东西禅堂各三间，东西耳房各二间。光绪三十三年（1907）废科举建学校，高小中学以上专立校舍，各乡初级小学校，都以庙宇为校舍，惠南庄村初级小学校就设在送子庵内。庙中香火地，本为足够每岁焚修之用，怎奈僧人常泰师徒任意挥霍，把香火地典卖精光，殿宇坍塌，禅堂倾圮，一概置之不理。非止有碍观瞻，学校更大受影响。

周庆魁、崔俊义、陈振儒、侯德旺、钱万青、莫恒茂、袁克毅、侯德海、袁坦、钱宝忠、崔俊恭、李聚春邀集村民商议，发起重修，有庙产地价银贰百四拾元，庙场西边让于赵姓地基约三分，价银壹百七十元，树木卖价银壹百零伍元，本村沿户募捐，得银壹千贰百叁拾余元。于是兴工起建，殿宇禅堂皆落地重修。关帝殿左右增修耳房各三间，四面群墙增筑三十余丈。工既落成，焕然一新。

碑阴

钱殿元施洋壹百伍拾叁元玖角，周庆魁施洋玖拾七圆捌角，钱宝忠施洋陆

拾捌圆叁角，崔俊义施洋伍拾元，袁克毅施洋四拾八元，袁克勤施洋四拾七元三角，侯殿魁施洋四拾六元一角，侯殿元施洋四拾六元一角，袁德馨施洋三拾一元三角，钱睿宝施洋三拾元零一角，冯生益施洋三拾二元九角，李聚春施洋二拾八元五角，崔俊德施洋二拾七元，崔俊荣施洋二拾五元二角，杨德山施洋二拾三元三角，赵宝聚施洋拾七元四角，莫恒茂施洋拾三元七角，贾树德施洋拾七元四角，袁德□施洋拾二元四角，陈振儒施洋拾三元，钱永才施洋拾□元，徐□□施洋拾四元三角，徐□立施洋拾叁元八角，徐旺施洋拾叁元八角，高宝禄施洋拾叁元。

李忠施洋拾二元，袁张氏施洋拾壹元二角，周国兴施洋拾元零三角，周景芳施洋拾元，徐俭施洋九元一角，杨玺施洋八元九角，侯德旺施洋八元七角，王福旺施洋八元三角，陈振伦施洋七元九角，徐斌施洋七元八角，韩义施洋七元七角，徐文和施洋七元五角，徐文龄施洋拾七元二角，叶鸿魁施洋七元，李凤山施洋六元九角，□忠施洋六元三角，周庆和施洋六元整，徐福施洋五元九角，霍兆恒施洋五元九角，周庆春施洋五元六角，钱永旺施洋五元五角，徐海顺施洋五元四角，周国才施洋五元三角，李富才施洋五元三角，袁坤施洋五元二角。

金维元施洋五元一角，莫恒瑞施洋五元，莫恒福施洋四元八角，陈桂芬施洋四元三角，侯德山施洋四元二角，钱永贵施洋四元二角，殷焌施洋四元，王殿春施洋四元，徐文明施洋三元五角，刘玉文施洋三元三角，徐才施洋三元，徐志德施洋三元，霍兆玉施洋二元九角，王福长施洋二元九角，高玉福施洋二元七角，冯远恒施洋二元七角，田浩施洋二元七角，袁增施洋二元六角，李□生施洋二元六角，王永福施洋二元六角，王德林施洋二元五角，冯书香施洋二元五角，袁树本施洋二元四角，周国治施洋二元三角，吕宝顺施洋二元一角。

甄仕禄施洋二元九角，王执中施三元角，袁树生施洋二元九角，马上德施洋二元，周玉春施洋二元，钱康氏施洋二元，刘恒施二元，莫恒祥施洋二元，袁树林施洋一元九角，杜文山施洋一元九角，杜文丙施洋一元九角，冯生瑞施洋一元九角，冯远安施洋一元九角，钱万庆施洋一元三角，侯宝玉施洋一元三角，梁进才施洋一元三角，冯德才施洋一元三角，刘□施洋一元三角，杜恺施洋一元三角，冯德荣施洋一元五角，袁树森施洋一元五角，李桂枝施洋一元五

角,赵起荣施洋一元六角,杜文凤施洋一元六角,张永长施洋一元六角。

田永亮施洋二元二角,袁克己施洋二元二角,袁克仁施洋一元二角,徐口清施洋一元一角。

钱宝存、卢洛恩、杨顺、张宋氏、张朝禄、刘福、莫坤、刘才、程山、宋永安、张顺、王玉崑、王建魁、王建元、王建口、王建海、王玉岗、赵福、张义清、张国口,以上各施洋一元。

家丰口铺施洋肆元,钱小山施洋一元五角,董口口施洋一元六角。

以上众善等均系本村,共施助大洋壹千贰百四拾壹元叁角。

○八○　崔镇山墓碑

先考号静亭墓志铭

碑刻说明

民国刻。在惠南庄村。拓片通高134厘米,宽66厘米。碑额正书"永垂不朽"。此碑阳题阴记,碑阴拓片通高154厘米,宽65厘米。碑额篆书"万古流芳"。

碑阴

崔镇山墓碑记

水有源而增之则其流长,木有本而培之则其枝茂。祖宗有余德被及裔世,自必子孙蕃行,家运昌明,此事所必至理有然也。吾友崔公讳镇山,字静亭,系隶房邑,世居石窝辛庄历有年所,弱冠之时名列邑庠,继由附生遴入贡选,因乏昆季,弃仕途而务耕业,广先人余荫而继述之、扩充之,鳞口绵亘,称小康焉。公生六子:长仕煌,次仕俊,俱业儒,因停科举未得应试焉,而文理顺通;三仕从,四仕平,俱幼读。五仕长,六仕治,齿尚稚。孙三人,俱在龆年,羽振螽斯,门庭衍庆矣。公之夫人凡三,元配刘,继配苏,再配单,性皆贤淑,而内治之功,则以刘为最。公素有眼疾,身体属弱,民国二年十月间,因病逝世,斯时太公尚存也,皓首龙钟,不堪作事。其长子仕煌等因祖茔无窀所,卜兆斯土，时势使然，非藉此而有所希冀者也。葬后数年，化者宴然，生者无恙，欲伐石立碣用表父功，请记于予，予思三年无改，孔圣犹称为孝，斯子也能于父没之后抚几杖而生悲，睹箕裘而兴感，眷怀远迹，勒之贞珉，仰慰先灵，册垂后世，固孝子之举行，而为吾所嘉许者也。是为志。

子仕煌、仕俊、仕从、仕平、仕长、仕治谨记

涞水县岁贡生张文标撰文

本县附贡生陈振儒书丹

中华民国己未年阴历四月谷旦立

碑文考释

碑阴记无题，现题为著者加。民国己未年，民国八年（1919）。

据此记，墓主崔镇山，字静亭，房山县（今房山区大石窝镇）人，世居辛庄，二十岁为邑庠生，由附生遴入贡选，因家中无兄弟，父母无人照顾，弃仕途务家，称小康。娶刘氏、苏氏、单氏，生六子：崔仕煌、崔仕煌、崔仕从、崔仕平、崔仕长、崔仕治。长子崔仕煌，二子崔仕俊，以读书为业，因停科举未能应试。崔镇山素有眼病，民国二年（1913）十月因病逝世，卜葬惠南庄。

〇八一　房山县附贡钱君事略

河北名胜之地以上房山为最，载在志乘，分见于诸名人游记，房山县治亦因以得名。山内僧寮道观、石栈天梯、仙涧灵岩、琼花瑶草，极波诡云谲之观。但自其外表视之，绝壁巉岩，弥望美际，如璞玉之未琢，如浑金未煅，如黼黻文绣之□以绷衣，蕴彩韬光，窅不知其中之别有天地也。

房山县附贡钱君，近上房山不百里，其处丰若约，敛器善品，心智慧而貌朴诚，内精明而外浑厚，一若上房山之有美内敛不自炫鬻者。盖山灵磅礴必有所钟，与接为构必有所得，得其灵秀之气，必翘然负异于众而为众望之所归，如钱君者殆其人已。

君讳殿元，字仲三，世居房山之惠南庄村，年甫弱冠即失怙，与兄占一君

友爱甚笃。先世为村中富室，至君世渐中落，君兄弟发愤自强，力图恢复。兄则农商并业，君则壹志读书。事虽分途，功同互助。如是者有年，时海内承平，百物顺序，国家正供有定额，力田者但岁纳太平租赋，别无意外之征求。而牵车服贾之徒，日行数十百里，盗贼不惊，无所用其戒备。生活之道既宽，功名之路尤广。自春秋大比，以及岁科两试，大成小就，皆有途径可循。以故占一君力穑有秋，投机得利，君亦以优才入泮，有□庠序间，□□之兴有由然也。君家既日富，事亦日繁，入学后赀为例贡，不复上进，与兄协理家政，朝夕相依，如左右手。盖自少而壮而老，以至于死，未尝析居。兄弟先后逝世，中间三十年，君从昆季，亦未尝议及分财异籍，其家教之良如此。外□□变愈亟，民困益深，君富而能施，凡佃耕之户、负逋之家，无不持以宽大，其有婚葬无力者则董其等差，以佽助之。而于亲故为尤笃，推食解衣，赡给如不及，西州陨涕之风，鲍叔分金之义，方之古人亦不多见也。至平居自奉，则力从俭约，终其身不改，此度尤为乡人所推重云。

君生于咸丰三年九月，卒于民国十六年丁卯十一月，年七十有五崩。当是月，因兵乱权葬君于新茔。元配穆孺人早卒，继配邢孺人。子宝泗，十八年阴历二月将补行成主之礼，乡之人以君□□多隐德，不忍没其善也，集赀树碑以表彰之。介门人陈生振儒匄文于余，余知君甚悉，且有瓜葛，谊不得以，不文□□次第其事略，以书于石，□□老之甥也。

实任陕西葭县知事丁酉科拔贡涞水吴锡珍撰
前清附生陈振儒书
中华民国十八年岁次己巳二月吉旦立 南尚乐刘锡绶刻

碑刻说明

民国刻。在惠南庄村。拓片通高215厘米，宽76厘米。碑额篆书"品学兼优"。碑阴镌《前清附贡仲三钱八先生述德碑》，碑阴拓片通高220厘米，宽77厘米。碑额篆书"光前裕后"。

碑文考释

葭县，今陕西省榆林市佳县。1964年9月，因"葭"字生僻，经国务院批准，改为佳县。佳县位于陕西省东北部黄河中游西岸,榆林市东南部,毛乌素沙地的东南缘。东与山西临县隔黄河相望,西同米脂县接壤,南同吴堡县山水相连,北同神木县相毗邻,西南依绥德县,西北靠榆阳区。

附贡,科举时代,挑选府、州、县生员(秀才)中成绩或资格优异者,升入京师的国子监读书,称为贡生。意谓以人才贡献给皇帝。明代有岁贡、选贡、恩贡和纳贡,清代有恩贡、拔贡、副贡、岁贡、优贡和例贡。清代贡生,别称"明经"。例贡是指捐款于官家"援例捐纳"取得贡生资格,分附贡、增贡、廪贡等。

据碑记,钱殿元,字仲三,世居房山惠南庄村,咸丰三年(1853)九月生,二十岁丧父。钱氏原为村中富室,家道中落。钱殿元与兄钱占一发愤自强,力图恢复。钱占一谋生计,务农兼商。钱殿元一心读书,以优才成为庠生,捐为附贡,而后放弃仕途,和钱占一经营家业,成为惠南庄村首富。民国十六年(1927)十一月病逝。平生富而能施,扶危济困,平居自奉,则力从俭约,终其身不改,为乡人所推重。民国十八年(1929),惠南庄乡邻、远近各村契友集资为其树碑表彰。

碑阴

前清附贡仲三钱八先生述德碑

发起人

刘钟麟、冯远谟、冯远翔、高廷赞、王谦、丁福安、崔岳山、胡海瀛、崔俊义、崔俊德、冯远清、周景新、袁德馨。

送碑人

涿县:永德裕、□升德、瑞三元。□家庄:冀□。□□庄:冯□□、冯远怀、冯远谟、冯远绍、冯远翔、冯远维。□家营:刘山、刘崞、刘裕、刘钟让、刘钟起、刘钟璐、刘钟铭、刘钟甯、刘钟珍、刘钟璜、刘静川、吕希德。□□村:张星楼、田德峻、□玉。房山县:李震能、阎寿松。长沟镇:德源隆。五侯村:胡瑞峰。岩上村:张钥。南尚乐:田锡番、田锡绶、田汝舟、田汝梅、任锡绶、任廷俊、任廷历、王浦然、石荣山、李泽山、李泽田、任德荣、□□□、史永德、□□□。石窝镇:□□春、□□德、□□恒、□□裕、周□文、温荫宗、杜春乔。塔照村:丁如兰。念头村:张锦、张纯。石家务:蔡雨□、蔡凤楼。北尚乐:

杨锡五、杨裕光、杨荣光、杨恩溥、杨恩霖、杨学濂、□□□、赵俊卿。周各庄：李仪。坟庄村：冯树本。南甘池：刘天柱、刘天知、刘玗、刘琛、刘璆、刘德俊、□□□、□□□。高家庄：高凤玉、高继山、周廷荣。西白岱：郭树声、陈宪周。南正村：侯德九、侯锡□、隗福海。沿村：王铨。顾册村：陈□。饶乐府：贾胜。南河村：丁福安、丁永信、丁永春、丁永祥、邢德海、丁□□、□□□、李忠、杨万□、丁宝珍、丁永贵、殷忠、殷智、殷鉴清、殷鉴纯、耿顺兴、耿振明、耿秀明、耿克明、耿克均、张瑞、张祯、王克亮、尚金城。半壁店：宗元熙、宗元勋。辛庄村：崔岳山、崔仕禄、崔仕□、崔仕钦、崔仕纲、崔仕平、崔凤周、崔鸿祯、吕登甲、戴自安、福胜寺。广润庄村：高廷□、王泉生、王祖源、王吉元、王吉□、王□□、王国兴、义□斋、范福臻、范福田、范福周、高廷立、高廷魁、高廷兰、高廷贞、高泽、高书文。□□村：□□□。本村：周庆魁、冯家起、永义成、崔俊义、崔俊德、崔俊荣、袁克毅、袁克勤、袁德馨、陈振伦、陈振儒、陈桂芬、殷峻、袁坦、袁增、袁克己、袁克仁、袁树生、袁树本、侯殿魁、侯殿元、侯德旺、莫恒茂、莫恒瑞、莫恒祥、□□□、李凤山、李复才、李聚春、徐兆海、徐志德、徐立、徐□、徐福、徐旺、徐文□、徐文□、徐文忠、徐文□、刘恒、田浩、杨□茂、□□□、赵德才、冯德玉、张国维、王□□、郎德恕、杜丰、□□恒、杜文峰、梁玉、王执中、杨顺、王振、赵福、程山、张永长、王建章、刘廷起、永丰车铺、甄士禄、冯德山、孙德周、冯德荣、徐贵□、刘顺起、莫恒福、温□谦、永合公、佟明堂、□□立、高廷芳、王玉崑、王玉岗、王克义、王国祥、李□□、□□□、□□□。

敬立

碑文考释

《前清附贡仲三钱八先生述德碑》记载：钱殿元碑，由刘钟麟、冯远谟、冯远翔、高廷赞、王谦、丁福安、崔岳山、胡海瀛、崔俊义、崔俊德、冯远清、袁德馨12人发起，捐资送碑者有涿州、房山二县，惠南庄、广润庄、南尚乐、北尚乐、高家庄、南河、塔照、石窝、辛庄、半壁店、岩上村、长沟、周各庄、坟庄、南甘池、西白岱、南正、沿村、顾册、饶乐府、五侯村、石家务等28村，共210人。此外还有永德裕、瑞三元、永丰车辅等7家商号，及福胜寺等。

惠南庄、广润庄、南尚乐、北尚乐、高家庄、南河、塔照、石窝、辛庄、半壁店、岩上11村，属今北京市房山区大石窝镇。

长沟、周各庄、坟庄、南甘池、西白岱、沿村、南正7村，属今北京市房山区长沟镇。

顾册、饶乐府2村，属今北京市房山区城关街道。

五侯村，属今北京市房山区城关街道。

石家务，今河北省保定涿州市豆庄乡南石家务村、北石家务村。

还有几村，村名不清，故无法考证。

○八二　惠南庄墨斋周老君台善碑志

且夫刻已便人者，德必□于梓里。救急济困者，品发重于乡邻。吾村惠南庄素无井泉，浇圃灌田、人畜食饮皆赖距马河支流之水，每逢天旱之年正河水浅，支流必然缺之，不第田亩不能灌而大受影响，即人畜食饮倍觉艰难。吾村周公号庆魁，字□□□仗义疏财，早有掘井之志，又因之数年，大雨连绵，河水涨发，将大小沟口尽行淤塞，滴水不能流入庄中，人非水不能活，吾村乏水，困难情形，已达极点。于是民国九年冬季，公谋之龙安村贵戚王君华国者代请伊村韩贵成、宋振清二人作工。工人诚实无伪，冒险掘挖，掘于七尺深而不及泉，犹未弃井，公亦矢志其坚，不吝钱财，不避危险，踊跃直前，一举成功。及今八九年之久，村中乏水之时，贫富人家、大小住户，未有不食公之水者也。终日自朝至夕，担水者连连不绝，公犹□而□之，未尝嫌其烦。井上所用绳环等件公均自备，亦未尝吝其费。由是观之，公之德泽无涯，公之善行靡极也。集赀树碑悬匾，以表彰之。因匄余文而为之志。

前清癸卯年文生陈振儒撰文并书丹

发起人：侯德旺、崔俊义、钱万清、崔俊德、崔俊荣

中华民国十八年岁次己巳夏历九月立

勒碑人刘树棠、刘树恺

碑刻说明

民国刻。在惠南庄村。拓片通高143厘米，宽62厘米。碑额篆书"为善最乐"。碑阴镌《墨斋周老乡台表善碑》，拓片通高143厘米，宽62厘米。碑额篆书"百代不朽"。

碑文考释

这是一件表彰善行之碑，由村民自发树立。

惠南庄素无井泉，浇圃灌田、人畜食饮全靠拒马河支流之水，每逢天旱之年，正河水浅，支流缺水，田地不能灌，人畜食饮艰难。加之数年大雨连绵，河水涨发，将引水的大小沟口淤塞，滴水不能流入庄内，情形愈发危急。民国九年（1920）冬，村民周庆魁，找到龙安村王华国代请该村韩贵成、宋振清出工挖井，历尽艰辛，掘井一眼。此后，一旦缺水，村中贫富人家、大小住户，自朝至夕，担水者络绎不绝。井上所用绳环等件，为周庆魁自备，未尝吝其费。全村老幼感其善行，集资为他树碑悬匾。

碑阴

墨斋周老乡台表善碑

送碑人

钱宝贤、钱宝泗、钱宝恩、钱宝山、钱永贵、钱永才、崔俊义、崔俊德、杜文峰、杜文□、杜得□、杜得恺、刘玉文、刘进起、刘恒、刘明、崔俊荣、侯殿魁、侯殿元、侯德旺、侯德山、侯宝玉、袁克毅、袁克勤、王振、王祯、王德林、王玉海、王执中、王墨文、霍兆恒、霍兆玉、袁坦、袁增、袁坤、袁克仁、袁德新、袁树生、袁树林、袁树本、贾福海、贾福瑞、吕德怀、韩义、金如安、金文元、宋永安、叶鸿奎、袁张氏、徐兆海、徐兆岗、徐立、徐旺、徐文明、徐文龄、徐文尉、梁进才、梁玉、甄仕禄、甄宝存、程山、生永才、永义成、永丰车铺、徐文中、徐文和、徐海顺、徐贵清、徐贵德、陈振伦、陈振儒、陈桂芬、殷焌、赵宝聚、冯生益、高玉福、周庆春、周国兴、周国才、莫恒福、莫恒茂、莫恒祥、莫恒瑞、莫恒坤、杨德山、杨德茂、杨德林、杨顺、韩忠、曹永山、周国华、周景芳、赵芬、张宋氏、冯德荣、李桂枝、李凤山、李富材、李聚春、李□善、李□海、田永□、田□、徐□。

敬立

碑文考释

为周庆魁树碑悬匾，由侯德旺、崔俊义、钱万清、崔俊德、崔俊荣发起，全村101人参与。生永才、永义成、永丰车铺3家商铺也参与了此事。

○八三　钱氏坟茔志碑

钱氏坟茔墓志碑

碑刻说明

民国刻。在惠南庄村。拓片通高174厘米，宽64厘米。碑额篆书"太公摄气"。碑阴镌《惠南庄钱氏墓志碑》。拓片通高174厘米，宽64厘米。碑额篆书"承先继后"。

碑阴

惠南庄钱氏墓志碑

水有始源，非有以开浚之则其流不能长。木有根本，非有以培养之则其枝不能茂。祖宗事迹非有以表记之，则其德不能□久。裔世伦次昌明也，钱门始祖浙江钱塘县移居以来，至今迄十代矣，宗派原定于二十字曰：履国永克先，继维元宝万。福增新德泽，荣耀贵承天。代远年湮，难尽追之，仅以继字述志之。曾祖讳继昌，妣氏崔、丁、吕，系隶房山县，世居惠南庄有年，□□□之□弃仕途务农业，昆季均葬于村南祖茔。因祖茔无窆所，卜葬斯土，癸山丁向，亦时势使然，非藉此而有所希冀也。大伯祖讳维城，妣氏李，葬于村南□外□午兼未向。五叔祖讳维翰，妣氏魏，葬此地南头，钱启先牌下，亦癸山丁向。二伯祖讳维垣，妣氏隗。本生祖讳维显，字村棠，享寿七十有三。妣氏隗，享寿七十有五。四叔祖讳维藩，妣氏赵。兄弟三人随葬于此地。

大伯父讳魁元，字占一，享寿六十七岁。妣氏李，享寿七十六岁。不敢新阡，子随父葬。本生父讳殿元，字仲三，由附生遴□入贡选，享寿七十有五。元配穆，享年四十有二。继配邢，享寿六十有七。因二门之孙曰宝聚、宝兴、宝顺，鳏寡孤独，葬埋杂乱，乃卜葬于此坟之东，俗名曰中设，地内乾山巽向。惟大伯父之长子讳宝长，二十二岁少亡，独在此坟埋葬，与其妻刘氏□□合葬。大伯父之次子讳宝恒，三十七岁寿妖，与其妻宗氏各葬一土，亦□合葬。今则宝泗与其侄万青等伐石树碑，用表祖功，仰慰先灵，俯垂后世，谨为宗派伦次之要不亡，以为志耳。

前清癸卯科文生陈振儒书丹并篆额

勒石人刘村棠

中华民国二十一年岁次壬申夏历五月谷旦

碑文考释

此碑为钱殿元子钱宝泗所立，此文记载惠南庄钱氏祖源，备述自钱氏自"继"字至"宝"字承绪和葬所，为钱宝泗所述。

惠南庄钱氏始祖，从浙江钱塘县移居而来，宗派原定于二十字："履国永克先，继维元宝万。福增新德泽，荣耀贵承天。"至"宝"字辈，传十代。其曾祖钱继昌，弃仕途务农，死后葬于村南祖茔。娶崔氏、丁氏、吕氏，生五子：钱维城、钱维垣、钱维显、钱维藩、钱维翰。

大伯祖钱维城，娶氏李，葬于村南。五叔祖钱维翰，娶魏氏，葬此地南头钱启先牌下，亦癸山丁向。二伯祖钱维垣，娶隗氏。本生祖钱维显，字村棠，享寿七十有三。娶隗氏，享寿七十有五。四叔祖钱维藩，娶赵氏。兄弟三人随葬于此地。

钱维显有二子：长子钱魁元，次子钱殿元。

钱魁元，字占一，享寿六十七岁。娶李氏，享寿七十六岁。子随父葬。长子钱宝长，二十二岁少亡。次子钱宝恒，三十七岁寿夭。

钱殿元，字仲三，即钱宝泗之父，由附生遴入贡选，享寿七十有五。娶穆氏，享年四十有二。继娶邢，享寿六十有七。有子钱宝聚、钱宝兴、钱宝顺、钱宝泗。诸子皆鳏寡孤独，唯钱宝泗一门兴旺。

自始祖定居惠南庄，传到钱宝泗侄钱万青，整整十代，钱宝泗与侄钱万青伐石树碑，记下钱氏本源和一门宗派伦次。

〇八四　宝琪钱君纪念碑

宝琪钱君纪念碑

碑刻说明

民国刻。在惠南庄村。拓片通高137厘米，宽54厘米。碑额双勾题"芳流百世"。碑阴拓片通高139厘米，宽54厘米。碑身双勾题"永志不忘"。

碑阴

惠南庄村钱君宝琪纪念碑

宝琪钱君，本县惠南庄村望族之子弟也。家世业农，父永贵公以忠厚勤朴，热心村务闻于乡。卢沟肇变，戎马频仍，国家之需索既繁，乡村之供给较重，当某军开赴某地时，索夫驴孔亟，惠南庄村应缴夫驴各若干，按诸本村公会拨夫之惯例，钱永贵公一户应出夫驴各一，宝琪君年甫十有八龄，芒然头角，有乃父风，闻拨豫然愿代父前往，讵料命理难测，事出非常，被敌围困，竟以身殉，时民国廿七年闰七月也。本村公会人等既感其慷慨勇为之义，复怜其父母丧子之悲，爰招集合村人众，会议表决，凡永贵公夫妇村中所种之地，以后愿免其差徭，以至终身，并醵资树碑勒石，以志颠末，非以言执，永为纪念已耳。

村人周国梁撰文　邑人宋景贤书丹

公会人李贺章、袁树本、崔俊义、徐旺、袁灏、韩世海、周景春、杨进荣、侯德海、王魁、钱万益、莫恒瑞仝立

中华民国二十七年十月谷旦　勒石人李芳、王凤林

碑文考释

此碑为阳题阴记，记载了惠南庄村钱宝琪为国捐躯的事迹，和惠南庄村民

国难当头同仇敌忾、共度时艰的精神品质。

钱氏是惠南庄村望族,父钱永贵,忠厚勤朴,热心村务,父子二人务农为生。卢沟桥事变,一支抗日军队开赴某地,到惠南庄村征驴和民夫若干。按本村拨夫之惯例,钱永贵家应出一驴一夫,年仅十八岁的钱宝琪毅然代父出夫。民国二十七年(1938)闰七月,被日军包围,以身殉难。噩耗传来,惠南庄村公会李贺章、袁树本、崔俊义、徐旺、袁灏、韩世海、周景春、杨进荣、侯德海、王魁、钱万益、莫恒瑞等既感其慷慨勇为之义,又怜钱永贵夫妇丧子之悲,招集全村人会议表决,凡钱永贵公夫妇村中所种之地,终身免其差徭,以各户公摊。又集资刻石立碑,记载钱宝琪捐躯始末,永为纪念。

这是抗日战争时期,村民自发为一个普通百姓立的纪念碑,在房山仅此一件,在全国也十分罕见。

王家磨

王家磨在大石窝镇西南，东南与蔡庄村相邻。成村不晚于晚明。原名王家庄，清光绪七年（1881）《要氏先茔碑》仍载为"顺天府房山县王家庄"。定名王家磨，应自民国始。王家磨得名，因村在拒马河畔，依河建水磨，碾磨粮食。明代末年，涞水县地主抢占拒马河水利资源，沿河建水磨谋利，水磨以所有者的姓氏命名，后来成为地名，人们依地而居形成村庄，故拒马河两岸的村庄多诸姓之磨命名。村子形成，多于明末清初。清代，该村生计也依赖于御路经济，道光二十八年（1848），全村可知的商铺有五家：午隆堂、许久堂、义成油房、桓义油局、庆成号。

本卷收录王家磨碑刻3件：清代3件，碑记2篇、墓题2则。

〇八五　郭尚信，郭起蛟，郭瑞祥、郭呈祥墓碑

清故显曾祖父郭公讳尚信、曾祖母张氏之墓　祖父起蛟、祖母宗氏；父瑞祥、母丁氏，叔父呈祥、叔母张氏之墓

碑刻说明

清刻。在王家磨村。拓片通高114厘米，宽64厘米。碑额正书"永远孝思"。碑阴镌记。拓片通高114厘米，宽61厘米。碑额正书"传流后世"。

碑阴

古来仁孝者不遗其亲，诚敬者不忘其本。断未有名，一撮之田而伤风化之厚者也。兹因鸿漠本为郭家苗裔，实系过嗣陆姓，岂忍承续异姓宗祧，而恝置一脉享尝？是以陆鸿漠同子喜、易，孙士荣、士贵情愿将王家庄村北祖遗民地肆亩，送与郭姓，以作阴宅，庶乎少报宗功于万一也。立茔之后，如有陆姓子侄争竞者，许银一百两亦不许郭姓典卖。恐后无凭，立碣为证。迎恩开十甲大□二亩，东至唐姓，南至吴姓，西至唐姓，北至官道。

同乡亲张文彬、白均华、李兰

乾隆三十四年三月谷旦　立碣人曾孙芝奇、芝秀、芝英，玄孙宏宁、宏绪、宏璧、宏安、宏勋，累孙立、自、仓

碑文考释

此为献地契约，献地人陆鸿漠自述献地因由：此人本为郭姓之后，过继给陆姓，据墓题，其曾福郭尚信，祖父郭起蛟，父郭瑞祥、母丁氏。概因郭姓一脉窘无阴宅，过继陆姓的鸿漠于心不忍，故将其名下王家庄村北的陆姓祖遗地四亩，送给郭姓作阴宅，并将本生郭姓曾祖父母、祖父母、父母、叔父母，迁葬于此，立碑营墓。碑阴有"立茔之后，如有陆姓子侄争竞者，许银一百两亦不许郭姓典卖，恐后无凭，立碣为证"语，形成地契。"同乡亲张文彬、白均华、李兰"为中人或见证人。

此碑碑阳、碑阴截下陆氏九代人，形成完成的谱系：

曾祖郭尚信，祖父郭起蛟，父郭瑞祥，母丁氏，鸿漠，子喜、易，孙士荣、士贵，曾孙芝奇、芝秀、芝英，玄孙宏宁、宏绪、宏璧、宏安、宏勋，累孙立、自、仓。

陆鸿漠在郭姓本生父母后，镌下子孙直至累孙的名字，暗有延续郭氏一脉之意。

○八六　皇清处士讳廷芳字香清要公之墓

高祖讳顺□，曾祖厚号璋□，讳文。□祖在满城要庄村西建茔。

村始祖讳鸣凤，新茔在六间房村东北。生五子，成美、成□、成文、成章、成麟。成文生二子士礼、士明。士明生一子璠。璠生二子，振华、振朝。振华生二子，廷兰、廷芳，妻氏王、□。

□城社二甲人。

皇清处士讳廷芳字香清要公之墓

辛山乙向长男章，娶妻殷氏。次男玉。女嫁惠南庄□氏。孙文祥娶妻刘氏，曾孙连生。

碑刻说明

清刻。在王家磨村。拓片通高120厘米，宽53厘米。碑额正书"子孙保之"。

碑文考释

要氏自满城迁到王家庄（今王家磨），到立碑时八代：

要氏始祖要鸣凤，生五子：要成美、要成□、要成文、要成章、要成麟。

要成文生二子：要士礼、要士明。

要士明生一子：要璠。

要璠生二子：要振华、要振朝。

要振华生二子：要廷兰、要廷芳。

要廷芳生二子：要章、要玉。

要章生一子：要文祥。

要文祥生一子：要连生。

○八七　要氏先茔碑

尝读诗曰："昭兹来许，绳其祖武。"是人生所最重要者，莫若报本追远之事也。想我始祖册大明□□，自小兴州迁居直隶保定府满城县要庄村，即建茔地于要庄村西，虽登仕籍者寥寥无几，而文武游于□□者累代不乏其人，此亦我始祖治家诚所谓积善之家必有余庆也。越数十世，至国朝乾隆初年，我高祖又见北宋村多仁厚之风，度其地基，诚可爰居而爰处，遂建新茔于六间房村东北二里之遥。至同治年间，屡遭荒旱，本族别支产业功名尚复如昔，独我一家难以度日，诚万不得已而束装于北也，到于顺天府房山县王家庄，见其风土人情，蔼然可亲，遂于此而居住焉。诚可谓适彼乐土，爰得我所也。迨越数年，又建新茔，吾父母遂葬于此矣。但恐代远年湮久而难考，故勒石以志不朽云。爰作诔曰：

辕北适彼兮，艰苦备尝。尽心竟力兮，家业迪康。骏列自树兮，于前有光。燕翼永诒兮，厥后克昌。惟体纯粹兮，必乐内刚。灵爽式凭兮，春露秋霜。呜呼哀哉兮，德音莫忘。

保定府满城县儒学增广生要庆平撰文书丹

男章、玉奉祀

时大清光绪贰拾七年岁次辛丑六月上浣谷旦

碑刻说明

清刻。在王家磨村。拓片通高178厘米，宽65厘米。碑额正书"永垂不朽"。

碑文考释

王家庄，即王家磨的旧称，王家磨早年称王家庄，后称王家磨。

此碑记述了王家磨要姓祖源。

王家磨要姓，原居口外小兴州，明初永乐北征，内迁至直隶保定府满城县要庄村（今河北省保定市满城县要庄乡要庄村），在村西建茔。或文或武，代不乏人。

传几十代，到清朝乾隆初年。要士明，见北宋村（河北省保定市满城县大册营镇北宋村）多仁厚之风，迁而居之，建新茔于六间房村（河北省保定市满城县大册营镇六间房村）东北二里之遥。至同治年间，屡遭荒旱，本族别支产业功名尚复如昔，独要廷芳一家难以度日，不得不背井离乡，北迁顺天府房山县王家庄即今王家磨定居。数年后建新茔于王家磨村。要廷芳夫妇过世，要章、要玉葬二人于此，勒石树碑，记载原委。

"自小兴州迁居直隶保定府满城县要庄村"："小兴州"，地点在今滦平县城东北10公里的大屯乡兴洲村，这里金初属兴化县，泰和三年（1203）始属兴州辖下之宜兴县，元代宜兴县升为宜兴州，因旧有兴州，故俗称宜兴州为小兴州。

小兴州是明初洪武、永乐年间官方组织移民的又一集散之地。洪武初年，大将徐达攻克元大都北京，元顺帝北遁，元朝灭亡。元朝残余势力虽然退居漠北，但仍有相当的军事实力对明王朝北边构成很大的威胁。为此，洪武初年到洪武末年，在长城以外，东起辽东，西至山西北部、内蒙古西部，东西两千余里、南北数百里的广大地区，屯兵卫戍。同时，为恢复和发展北平地区因战乱遭受破坏的社会经济，多次从燕山以北广大地区向北平附近移民。

至永乐皇帝登基，为进一步巩固、发展北平地区社会经济，确保京城安全，先后抽调长城以北27个卫所的将士约5万人，在北京附近屯边戍守。同时，多次组织大规模的强制性移民，安置于良乡、房山、顺义、平谷、大兴、宛平、通州、蓟县、宝坻、香河、遵化、卢龙、武清、丰润、清苑、容城、新城、安国、徐水、任丘、涞水、霸州、定兴、满城等地区和河北各县，移民总数达数十万之多。涉及张、郑、要、王、李、刘、梁、孙、崔、邓、杜、魏、邢、徐等数十个姓氏。

由于小兴州是长城古北口外的第一重镇，位于辽东、内蒙古南下北京的交通要冲，因而也就成为历次移民的集散中心。由于年久日深，历次移民后裔，难以确知其祖上原籍所在，往往把先祖迁徙的集散之地视作先人故籍祖地。因而在河北、山东、东北一带现存的众多族谱家乘中，追溯家世渊源时，多称其

"先世自小兴州,徙至某某地"。而《要氏先茔碑》称郑氏"自小兴州迁居直隶保定府满城县要庄村",可见要氏先祖不一定是小兴洲村人,而是明永乐自小兴州迁到满城县贾庄村的。

房山区还有房山城关街道前朱各庄郑氏,高祖郑大友,高祖母李氏,在永乐北征时,受命自小兴州迁顺天府房山县贤侯乡(今属房山区韩村河镇)编籍,几世在前朱各庄定居。明正德十一年(1516)《古燕郑氏家世代谱》记载甚详。(见《房山碑刻通志·卷四·城关街道、周口店镇〇五六》)

郑家磨

在大石窝镇西南,北与下滩村相邻,西南与镇江营村相望。明代末年,涞水县地主抢占拒马河水利资源,沿河建水磨谋利,水磨以所有者的姓氏命名,后来成为地名,人们依地而居形成村庄,故拒马河两岸的村庄多以诸姓之磨命名。郑家磨村形成亦应在明末清初。

本卷收录郑家磨碑刻1件:清代1件,其中碑记1篇,墓题1则。

〇八八　清马凤祥墓碑

皇清诰封尉马公凤翔　元配李安人、继配孙安人之墓

碑刻说明

清刻。在郑家磨村。碑额正书"奉天诰命"。阴额"万古流芳"。题为添加。

碑阴

涞阳马氏墓志铭

尝思水源木本，必切追远之诚。春露秋霜，敢忘报本之念？况天地者万物之父母，父母者吾身之天地，虽三年终丧，先王之制弗敢越，而昊天罔极之恩，岂足云报哉？麟等伏考，吾家世系涞水之龙泉社五甲人也，旧居薛庄，国初移寓斯土，六世而至吾先考兆瑞府君，讳凤翔。端谨朴厚，里党无闲言。吾先妣氏李，孙有子五人：冢男系义，嗣与次男俱早亡；三曰麟，四曰杰，五曰骏。而麟以助军饷功得授营千总职，奏请诰封追赠兆瑞府君为骑尉职衔，先妣李为安人，复诰赠吾生妣孙为安人。锡以凤冠帔服，荣以修墓典礼，乡人奔走贺者络绎弗绝。伊时，杰入武庠，骏游泮水，麟之子献图髫年入武学，并嗣长房诸孙缉缉，现俱业儒，不敢荒辍。然此何莫非显妣孙太安人积善蓄德之所致耶！同治中，显考见背，儿辈俱幼稚，吾生妣茹苦含辛，独理家政，以勤俭自持，以宽厚处众。守节则心如铁石，料事则明若日星。闻者无不心服而口颂焉。麟等至今思之徽音宛在，懿训长垂，而具创业守成，卒使家室丰余，儿孙成立，非贤明迈众、志识越人者能若是哉？光绪丙申冬十月，不幸显妣孙太安人弃养，卜葬年余，时动蓼莪之感。因恐年湮代远，大德弗彰，谨为勒诸贞珉，以垂不朽，并志思慕云尔。男麟率孙献图等仝敬志。

赐进士出身花翎三品衔特授广东广州遗缺知府刘尚伦爰撰铭词并书于后曰：

维水有源，其流则长。维德获报，后世其昌。兴家立业，教子义方。继志述事，克迪前光。贤嗣济美，益发厥祥。承先启后，积久弥彰。我铭无愧，是为显扬。

大清光绪二十五年己亥正月谷旦泐石

碑文考释

碑载，郑家磨村马氏，世居涞水县龙泉社五甲薛庄，清初移居郑家磨村。龙泉社五甲，今属涞水县石亭镇；薛庄，今无此村。今有东龙泉、北龙泉、西龙泉三村，薛庄在明清之际属涞水县龙泉社五甲，或为三龙泉的一个自然村，后世归属于龙泉村，故不复存在。今郑家磨马氏，多以为是明代移民，来自山西大槐树下。《涞阳马氏墓志铭》的记载表明，郑家磨马氏，原本来清初，来自郑家磨不近处的涞水县龙泉五甲，即今石亭镇，因而厘清了马氏的族源。

马氏先祖于郑家磨安居，至六世有马凤翔，娶李氏、孙氏，七世马义、马麟、马杰、马骏。

马麟官居授营千总。营千总，清代绿营兵的编制，为正六品的武官。按照惯例，清代官员，经向皇帝奏请，其父母可诰（封）赠同样品级。故，马麟父马凤翔诰封骑尉职衔，母李氏、生母孙氏诰赠安人。

马杰，武庠生；马骏，庠生。

八世马献图，马麟之子，自幼入武学。长房诸孙亦业儒。

可见马氏传至七世，家族始兴。

今郑家磨马氏有族谱：一世祖失考，二世马进金、马进银。马进金一支：三世马福荫，四世马有礼，五世马宽、马亮，六世马凤仪、马凤瑞、马凤吉，七世马聚、马财、马俭，八世马德华、马德富、马德荣、马德贵。

本碑所记马凤翔，在马进金一支阙如，那么应为马进银一支。此支三至五世失考。

三岔村

在大石窝镇东北。东临石经山,西南邻下庄,村中有东峪寺遗址。东峪寺,又名东云居寺、东峪云居寺、观音寺,该寺始建于唐贞观五年(631),为云居五寺之一。五寺分别为云居上寺、西峪寺、中峪寺、东峪寺、磨碑寺。故该村的佛教文化史可追溯到1300多年前的唐初,与云居寺文化一脉相承。明代,东峪寺在云居五寺中最为兴盛。明万历二十年(1592),达观大师来到云居寺,着手清整雷音洞,与达观一起发现佛舍利的,就是东云居寺住持明亮。清末东峪倾圮,仅存遗址。

与东峪寺相比,三岔村的历史要晚得多。三岔村名最早见于后石门村清光绪十四年(1888)《永建桥梁改修娘娘庙碑记》,碑阴载:"三岔村:王守纪、王守立、王守山、王守贵、王凤才、王凤山、王得宽、戴乐山、隗荣顺、赵景和、隗得福、隗得顺、隗荣坤、许福荣、李福、刘成山、丁凤忠;本里:王守朴、王守祥、杨景辰、王之兴、王之禄、王之根、唐兆兴、王守固、王邦均。以上二十六家各施钱壹吊文。"以此推断,三岔村成村不会早于清代。

本卷收录三岔村碑刻1件:明代1件,额题1则。

○八九　东峪寺石额

明万历二十年六月望日

东云居寺

钦差提督库藏协理京巡马政太仆寺丞□□徐琰书

碑刻说明

明刻。2019年5月初，在三岔村出土。宽49厘米，长180厘米，厚20厘米。题为添加。

望日，阴历每月十五日称望日。

万历二十年（1592），正是明达观大师发现雷音洞佛舍利之年。当年四月十五日，达观大师自五台山送龙子归京西潭柘寺。慈圣太后闻讯，遣近臣陈儒、赵斌送斋供资。达观偕侍者道开、如奇、徐琰等于五月十二日由潭柘寺往石经山，十九日至雷音洞拜经。达观见洞内像设瘫敝，石经薄蚀，乃命东云居寺住持明亮酌情整饬。动工翌日，启洞拜石，石下有穴，内藏石函约一尺见方，面刻"大隋大业十二年岁次丙子四月丁巳朔八日甲子于此函内安置佛舍利三粒，愿住持永劫"三十六字铭文，内贮四五升灵骨，状如石髓，异香馥郁。其间有一银函方寸许，内盛小金函半寸许，金函内有一小金瓶，内贮三颗舍利，状如小米，紫红色。按《法苑珠林》所言，这三颗舍利为肉舍利。达观即刻付书赵斌，请他把石经山雷音洞发现佛舍利一事上奏。慈圣太后获悉，欣然斋宿三日，六月初一，把佛舍利迎入其寝宫慈宁宫，供养三日。

东云居寺石额，题刻时间为这一年的六月十五日。距雷音洞出土的五月二十日，时隔25天；距佛舍利迎入慈宁宫的六月初一，整整半个月。此时，徐琰随达观大师石经拜经逗留此地，故为东云居寺山门题写石额。其间，东云居寺或进行局部修缮，不然，无在山门重置石额之理。石额落款所属"钦差提督库藏协理京巡马政"，当是功德主之一。

图书在版编目（CIP）数据

房山碑刻通志．卷二，大石窝镇 / 杨亦武著．-- 北京：学苑出版社，2020.11
ISBN 978-7-5077-6074-3

Ⅰ．①房… Ⅱ．①杨… Ⅲ．①碑刻－汇编－房山区 Ⅳ．① K877.42

中国版本图书馆 CIP 数据核字 (2020) 第 229045 号

责任编辑：潘占伟
出版发行：学苑出版社
社　　址：北京市丰台区南方庄 2 号院 1 号楼
邮政编码：100079
网　　址：www.book001.com
电子信箱：xueyuanpress@163.com
联系电话：010-67601101（销售部）　67603091（总编室）
印　刷　厂：北京建宏印刷有限公司
开本尺寸：710×1000　1/8
印　　张：24.25
字　　数：187 千字
版　　次：2020 年 12 月第 1 版
印　　次：2020 年 12 月第 1 次印刷
定　　价：498.00 元